Silvia Knöbl

Zauberhafte Häkelfrüchte

Silvia Knöbl

Zauberhafte Häkelfrüchte

Zum Dekorieren und Verschenken

Mit Häkelschriften

AUGUSTUS

Inhalt

Es war einmal ...

... eine fröhliche Damen-Runde, die sich regelmäßig bei Kaffee und Kuchen nicht nur zum Tratsch, sondern auch zum Basteln traf. Es wurden Salzteig-Figuren geformt, Ostereier beklebt, Keramik-Formen bemalt und Artischocken-Kugeln gesteckt. Als ich wieder einmal zu unserem geselligen Beisammensein kam, traute ich meinen Augen nicht: Da saßen die Damen, jede mit Häkelgarn und Häkelnadel bewaffnet, und häkelten - Nelken!

An diesem Abend war ich zum Zuschauen verurteilt - ich hielt auch zunächst nicht viel von dem neuen Hobby, denn es erinnerte mich zu sehr an die langweiligen Handarbeitsstunden in meiner Schulzeit, wo ich mich mit Topflappen und Glasuntersetzern abquälte. Trotzdem erstand ich in den darauffolgenden Tagen selbst alles Notwendige und begann nach mehr als zwanzig Jahren wieder zu häkeln.

In der Zwischenzeit ist aus dem Häkeln nicht nur mein Hobby, sondern sogar mein Beruf geworden, denn ich habe mein eigenes Handarbeitsgeschäft eröffnet und begonnen, meine Ideen zu verwirklichen und nun auch zu veröffentlichen. Es ist faszinierend, was man mit etwas Fantasie aus einem Knäuel Häkelgarn hervorzaubern kann. Eine kleine Auswahl finden Sie in diesem Buch.

Ich will Ihnen zeigen, daß man auch mit geringen Grundkenntnissen schöne Dinge fürs eigene Heim oder kleine Geschenke für liebe Freunde oder Freundinnen herstellen kann. Daher ist dieses Buch so aufgebaut, daß Sie mit einfachen Dingen beginnen und schnell Erfolg haben können. Sogar Kinder im Grundschulalter, die gerade die ersten Erfahrungen mit einer Häkelnadel machen, können schon nach diesen Vorschlägen – mit etwas dickerem Garn oder Wolle – hübsche Überraschungen für Mutti, Oma und Tante häkeln. Auch Vati freut sich sicher über einen Talisman für das Auto.

Vielleicht bekommen Sie Lust, Ihre eigenen Modelle zu entwerfen. Der Fantasie sind keine Grenzen gesetzt. Darum gebe ich Ihnen mit auf den Weg: Probieren Sie es einfach aus, es wird Ihnen bestimmt gelingen, und am Ende wird jeder von Ihnen zu einem kleinen Meister geworden sein.

Material

Um die Häkelfrüchte nachzuarbeiten, ist grundsätzlich kein großer Materialaufwand nötig. Sie brauchen:

- ✔ Häkelgarn der Stärke 10 und 20 in den entsprechenden Farben
- ✔ Garnhäkelnadel der Stärke 1 bis 1,5
- ✔ Füllwatte
- ✔ Rohdraht oder Blumendraht der Stärke 0,8 mm
- ✔ Kreppwickelband, braun oder grün (aus dem Floristikbedarf)
- ✔ verschiedene Dekorblätter aus Papier
- ✔ Schere
- ✔ Zange
- ✔ Nähnadeln ohne Spitze

Im gut sortierten Fachhandel sind außerdem die verschiedensten Styropor- und Kunststoff-Formen erhältlich, die sich hervorragend dazu eignen, der Häkelarbeit eine ansprechende Form zu geben. Ich habe bei der Beschreibung der einzelnen Obstsorten jeweils angegeben, welche Formen verwendet werden können bzw. wie man sich die benötigte Form selbst herstellen kann.

Oft hat man jede Menge Garnreste im Handarbeitskorb, die man gerne verwerten möchte, oder es gibt leider nicht das Häkelgarn in der gewünschten Farbe zu kaufen: Daher möchte ich in diesem Buch eine Möglichkeit vorstellen, wie man den fertigen Früchten durch Bemalen ein natürliches Aussehen verleihen kann. Ich möchte auch jene, die nicht viel Erfahrung beim Malen haben, zur vorgestellten Maltechnik ermutigen – es ist wirklich ganz einfach: Man benötigt nur handelsübliche Stoffmalfarbe und einen Pinsel. Näheres dazu finden Sie auf Seite 47.

Die Grundmaschen

Fadenring

Den Faden wie zum Häkeln in die linke Hand nehmen, mit dem Fadenende eine Schlinge bilden, mit Daumen und Mittelfinger festhalten, durch diese Schlinge den Faden holen. Jetzt kann die erste Luftmasche gehäkelt werden. Für alle anderen Maschen der ersten Reihe wird der Faden durch diese Anfangs-Schlinge geholt und wie gewohnt gehäkelt.

Beginn der Arbeit

Ich beginne meine Arbeiten meistens mit einem Fadenring. Dieser hat den Vorteil, daß man den Faden nach Abschluß der Arbeit fest zusammenziehen kann und daher keine unschönen Löcher entstehen.

Wer diese Technik nicht beherrscht, kann aber wie gewohnt in einen Luftmaschenring häkeln. Die notwendige Maschenanzahl ist in Klammern angeführt.

Kettmasche

Von vorne in die folgende Masche stechen, eine Schlinge holen und diese durch die auf der Nadel liegende Schlinge ziehen.

Feste Masche

Von vorne in die folgende Masche stechen, eine Schlinge durchziehen, noch einen Umschlag holen und durch die beiden auf der Nadel befindlichen Schlingen ziehen.

Stäbchen

Einen Umschlag auf der Häkelnadel bilden, von vorne in die folgende Masche stechen und eine Schlinge durchziehen.
Es befinden sich nun drei Schlingen auf der Nadel. Einen Umschlag holen und durch die ersten zwei Schlingen ziehen, nochmals einen Umschlag holen und durch die letzten zwei Schlingen ziehen.

Doppelstäbchen

Zwei Umschläge auf der Häkelnadel bilden, von vorne in die folgende Masche stechen und eine Schlinge durchziehen.
Es befinden sich nun vier Schlingen auf der Nadel. Einen Umschlag holen und durch die ersten zwei Schlingen ziehen, nochmals einen Umschlag holen und die nächsten zwei Schlingen abmaschen, noch einen Umschlag holen und die letzten zwei Schlingen abmaschen.

Dreifach- und Mehrfachstäbchen

Diese Stäbchen werden wie Doppelstäbchen gearbeitet, die Zahl vor dem Stäbchen gibt an, wie oft der Faden vor dem Einstechen um die Häkelnadel geschlungen wird.
3-fach-Stäbchen = 3mal
4-fach-Stäbchen = 4mal
usw.
Es werden immer zwei Schlingen zusammen abgemascht.

Maschen in einer Reihe zunehmen

Eine Masche wie gewohnt häkeln, die nächste Masche in dieselbe Einstichstelle häkeln.

Maschen in einer Reihe abnehmen

Eine Masche wie gewohnt häkeln, jedoch die letzten zwei Schlingen nicht abmaschen, sondern auf der Nadel lassen. Jetzt die nächste Masche häkeln und solange jeweils zwei Schlingen abmaschen, bis die letzten drei Schlingen auf der Nadel sind. Diese drei Schlingen gemeinsam abmaschen.

Die Arbeit beenden

Um die Arbeit zu beenden, wird der Faden durch die auf der Nadel liegende Schlinge gezogen und abgeschnitten.

Den Faden lange genug hängen lassen, denn je nach Angabe wird dieser Faden auf der Rückseite der Arbeit vernäht oder für weitere Arbeiten benötigt.

Variationen der Grundmaschen

Reliefstäbchen

Bei diesem Stäbchen wird nicht in die Masche der Vorreihe gestochen, sondern zwischen die Maschen der Vorreihe: Einen Umschlag, rechts neben der zu häkelnden Masche der Vorreihe einstechen und links neben der Masche wieder herausstechen, so daß die Masche der Vorreihe wie eine Schlinge auf der Nadel liegt. Nun einen Umschlag holen, auf die Höhe der zu häkelnden Reihe ziehen und das Stäbchen wie gewohnt beenden.

Das Foto (unten) zeigt das Maschenbild von Reliefstäbchen.
1.) Reliefstäbchen im Farbwechsel, wie sie bei der Melone auf Seite 24 verwendet werden.

2.) Reliefstäbchen, wie sie bei der Orange auf Seite 32 verwendet werden.

3.) Gekreuzte Reliefstäbchen im Farbwechsel, wie sie bei der Grapefruit auf Seite 34 verwendet werden.

3.)

2.)

1.)

Gekreuzte Maschen

Gekreuzte Maschen werden genauso wie alle Maschen gehäkelt, ausschlaggebend für das geänderte Maschenbild sind nur die anderen Einstichstellen: Eine Masche der Vorreihe auslassen, eine Masche wie gewohnt häkeln, für die zweite Masche in die übersprungene Masche zurückstechen und die zweite Masche häkeln.

Gekreuzte Maschen zunehmen

Eine Masche wie gewohnt in die folgende Masche der Vorreihe häkeln, für die nächste Masche in die Einstichstelle der vorletzten Masche stechen und die Masche wie gewohnt häkeln.

Gekreuzte Maschen abnehmen

Eine Masche der Vorreihe auslassen, die erste Masche wie gewohnt häkeln, bis sich nur noch die letzten zwei Schlingen auf der Nadel befinden.
Für die zweite Masche in die übersprungene Masche der Vorreihe zurückstechen und die zweite Masche wie gewohnt abmaschen, bis sich die letzten drei Schlingen auf der Nadel befinden. Diese drei Schlingen gemeinsam abmaschen.

Zeichenerklärung

Im Text werden die unten angeführten Abkürzungen verwendet. In der Häkelschrift werden die verschiedenen Maschen mit den ebenfalls unten erklärten Symbolen gezeichnet.

Klammern in der Arbeitsbeschreibung geben die Maschengruppen an, die mehrmals wiederholt werden. Die Zahl vor der Klammer gibt an, wie oft diese Maschengruppe zu wiederholen ist.

Es kann auch angegeben sein, daß diese Maschengruppe bis zum Ende der Runde wiederholt wird.

Beispiel
5 mal (2 Stb in eine Masche - 1 Stb):
Das bedeutet, Sie häkeln 2 Stäbchen in eine Masche der Vorrunde und 1 Stäbchen auf die folgende Masche, und wiederholen das Ganze fünfmal.

Symbole / Abkürzungen

• = Lm / Luftmasche

⌒ = Km / Kettmasche

| = fM / feste Masche

T = hStb / halbes Stäbchen

† = Stb / Stäbchen

‡ = DStb / Doppelstäbchen

 = RStb / Reliefstäbchen

 = DRStb / Doppelreliefstäbchen

× = XfM / gekreuzte feste Masche

 = dieses Stäbchen wird, je nach Angabe im Text, entweder nur ins hintere oder ins vordere Maschenglied der Vorreihe gehäkelt.

Tip

Der Anfang einer neuen Reihe oder Runde ist in der Häkelschrift mit einer Zahl gekennzeichnet. Die Runden werden gegen den Uhrzeigersinn gelesen.

Maschen, die unten zusammenlaufen, werden in eine Einstichstelle gehäkelt (z.B. beim Zunehmen von Maschen).
Maschen, die oben zusammenlaufen, werden zusammengehäkelt = gemeinsam abgemascht (z.B. beim Abnehmen von Maschen).

Luftmaschen am Beginn einer Reihe ersetzen, wenn nicht anders angegeben, die erste Masche der Reihe (1 Lm = 1 fM, 2 Lm = 1 hStb, 3 Lm = 1 Stb, usw.). In der Häkelschrift und im Anleitungstext ist das jeweils vermerkt.

In den Häkelschriften ist oft aus Platzgründen nur ein Teil einer Runde (oder Reihe) gezeichnet. Es ist aber immer mindestens ein Mustersatz gezeichnet, damit Sie die Runde (oder Reihe) sinngemäß bis zum Ende fortsetzen können. Wenn mehrere Reihen oder Runden identisch sind, ist in der Häkelschrift manchmal nur eine Reihe / Runde gezeichnet und entsprechend am Rand numeriert.

Apfel

Material

- ✔ Häkelgarn *Aida 10 (Coats)*, Fb 47, rot
- ✔ Häkelgarn *Opera 20 (Coats)*, Fb 513, braun
- ✔ Garnhäkelnadel Nr. 1,5
- ✔ Styropor-Apfel, 8 cm Ø, oder Füllwatte
- ✔ 1 Papierblatt, 5 cm groß
- ✔ Blumendraht, Stärke 0,8 mm
- ✔ Kreppwickelband, braun

Maschenart: Grundmaschen

Anleitung

Es wird in Runden gearbeitet, jede Runde wird mit einer Km geschlossen.

Einen Fadenring bilden (oder 5 Lm mit einer Km zum Ring schließen).

1. Runde:
1 Lm - 9 fM in den Ring häkeln.

2. Runde:
3 Lm - 4mal (5 Stb in eine Masche - 1 Stb) - 5 Stb in eine Masche.

3. Runde:
3 Lm - 2 Stb - 4mal (5 Stb in eine Masche - 5 Stb) - 5 Stb in eine Masche - 2 Stb.

4. Runde:
3 Lm - 1 Stb auf jedes Stb der Vorrunde.

5. Runde:
3 Lm - 1 Stb auf jedes Stb der Vorrunde.

6. Runde:
3 Lm - 4 Stb - 4mal (3 Stb in eine Masche - 9 Stb) - 3 Stb in eine Masche - 4 Stb.

7. Runde:
3 Lm - 1 Stb auf jedes Stb der Vorrunde.

8. Runde:
3 Lm - 1 Stb auf jedes Stb der Vorrunde.

9. Runde:
3 Lm - 5 Stb - 4mal (3 Stb in eine Masche - 11 Stb) - 3 Stb in eine Masche - 5 Stb.

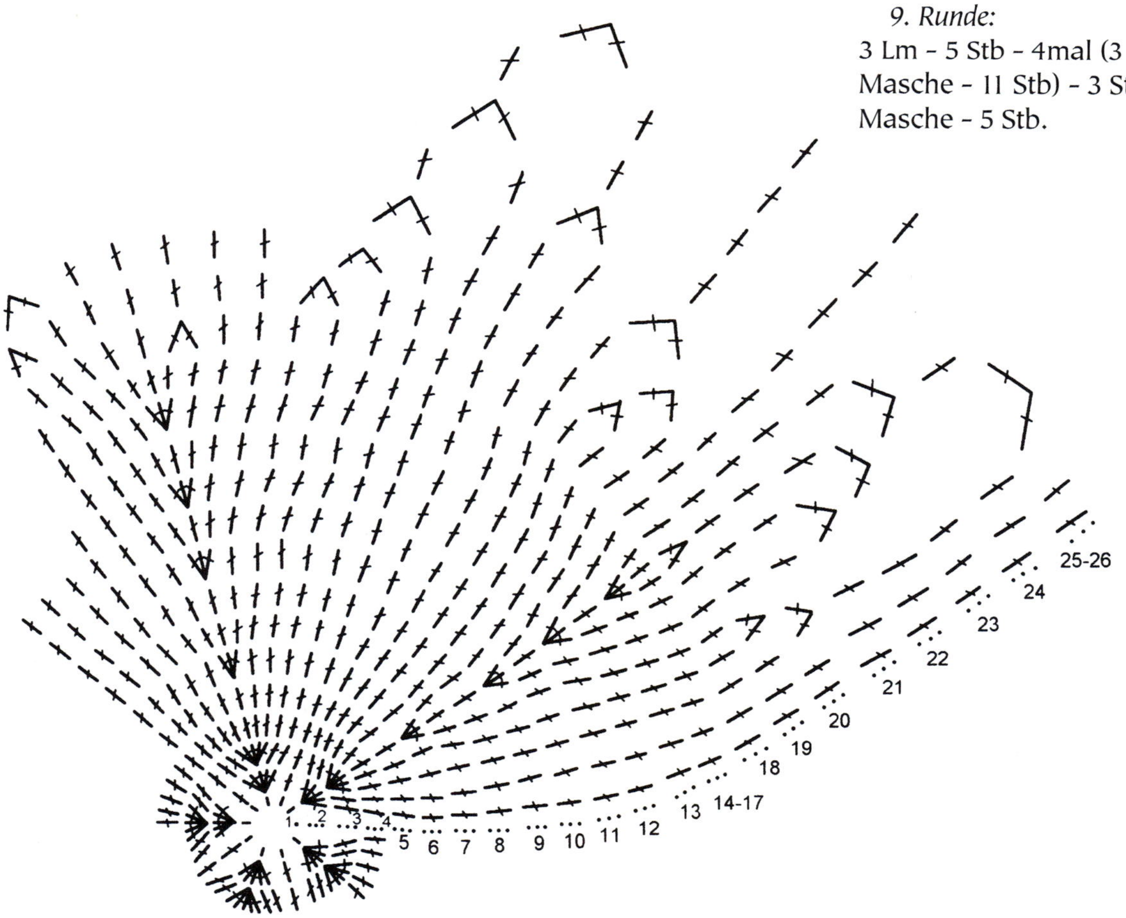

Apfelmus

10. Runde:
3 Lm - 1 Stb auf jedes Stb der Vorrunde.

11. Runde:
3 Lm - 6 Stb - 4mal (3 Stb in eine Masche - 13 Stb) - 3 Stb in eine Masche - 6 Stb.

12. Runde:
3 Lm - 1 Stb auf jedes Stb der Vorrunde.

13. Runde:
3 Lm - 7 Stb - 4mal (3 Stb in eine Masche - 15 Stb) - 3 Stb in eine Masche - 7 Stb.

14. bis 17. Runde:
3 Lm - 1 Stb auf jedes Stb der Vorrunde.

18. Runde:
3 Lm - 7 Stb - (2 Stb zusammenhäkeln - 15 Stb) bis zum Ende wiederholen.

Mit dem Füllen der Häkelarbeit beginnen oder Styropor-Form einlegen.

19. Runde:
3 Lm - 3 Stb - (2 Stb zusammenhäkeln - 6 Stb) bis zum Ende wiederholen.

20. Runde:
3 Lm - 2 Stb - (2 Stb zusammenhäkeln - 5 Stb) bis zum Ende wiederholen.

21. bis 23. Runde:
3 Lm - 3 Stb - (2 Stb zusammenhäkeln - 3 Stb) bis zum Ende wiederholen.

24. Runde:
3 Lm - 1 Stb auf jedes Stb der Vorrunde.

25. und 26. Runde:
3 Lm - 2 Stb - (2 Stb zusammenhäkeln - 2 Stb) bis zum Ende wiederholen.

Ausarbeitung

Faden abschneiden, durch die Maschen der letzten Runde ziehen, fest zusammenziehen und vernähen.
Auf die zweite Runde werden mit dunkelbraunem Garn Krebsmaschen als Blütenrest angehäkelt. Krebsmaschen sind fM, die von links nach rechts gehäkelt werden. Häkeln Sie also 1 Krebsmasche - 2 Lm - 1 Krebsmasche, die Krebsmaschen dabei in jede Masche der zweiten Runde stechen.

Für den Stiel werden vom Blumendraht 2 Stücke von 10 cm Länge abgeschnitten und in der Mitte zusammengebogen. Diese Drahtstücke mehrmals mit Krepppapier umwickeln und beim letzten Mal den Stiel des Blattes mitfassen (siehe dazu auch Seite 46).

Tip

Sie können die Größe des Apfels auch variieren:
Wenn Sie die Runden 10 bis 15 weglassen, wird der Apfel kleiner, wenn Sie die Runden 10 bis 15 einmal wiederholen, wird der Apfel größer.
Diesen Apfel habe ich aus einem rot-braun-melierten Garnrest gearbeitet. Auf Seite 47 finden Sie die Anleitung für einen selbstbemalten Apfels.

Birne

Material

- ✔ Häkelgarn *Aida 10 (Coats)*, Fb 259, grün
- ✔ Häkelgarn *Opera 20 (Coats)*, Fb 513, braun
- ✔ Garnhäkelnadel Nr. 1,5
- ✔ 1 Styropor-Ei, 10 cm Ø, oder Füllwatte
- ✔ Blumendraht, Stärke 0,8 mm
- ✔ Kreppwickelband, braun

Birne

(Foto und Materialbedarf Seite 13)

Maschenart: Grundmaschen

Anleitung

Es wird in Runden gearbeitet, jede Runde wird mit einer Km geschlossen.

Einen Fadenring bilden (oder 5 Lm mit einer Km zum Ring schließen).

1. Runde:
1 Lm - 9 fM in den Ring häkeln.

2. Runde:
3 Lm - 2 Stb in jede fM der Vorrunde.

3. Runde:
3 Lm - (2 Stb in eine Masche - 2 Stb) bis zum Ende wiederholen.

4. Runde:
3 Lm - (2 Stb in eine Masche - 1 Stb) bis zum Ende wiederholen.

5. Runde:
3 Lm - (2 Stb in eine Masche - 2 Stb) bis zum Ende wiederholen.

6. Runde:
3 Lm - (2 Stb in eine Masche - 4 Stb) bis zum Ende wiederholen.

7. Runde:
3 Lm - (2 Stb in eine Masche - 8 Stb) bis zum Ende wiederholen.

8. Runde:
3 Lm - 1 Stb auf jedes Stb der Vorrunde.

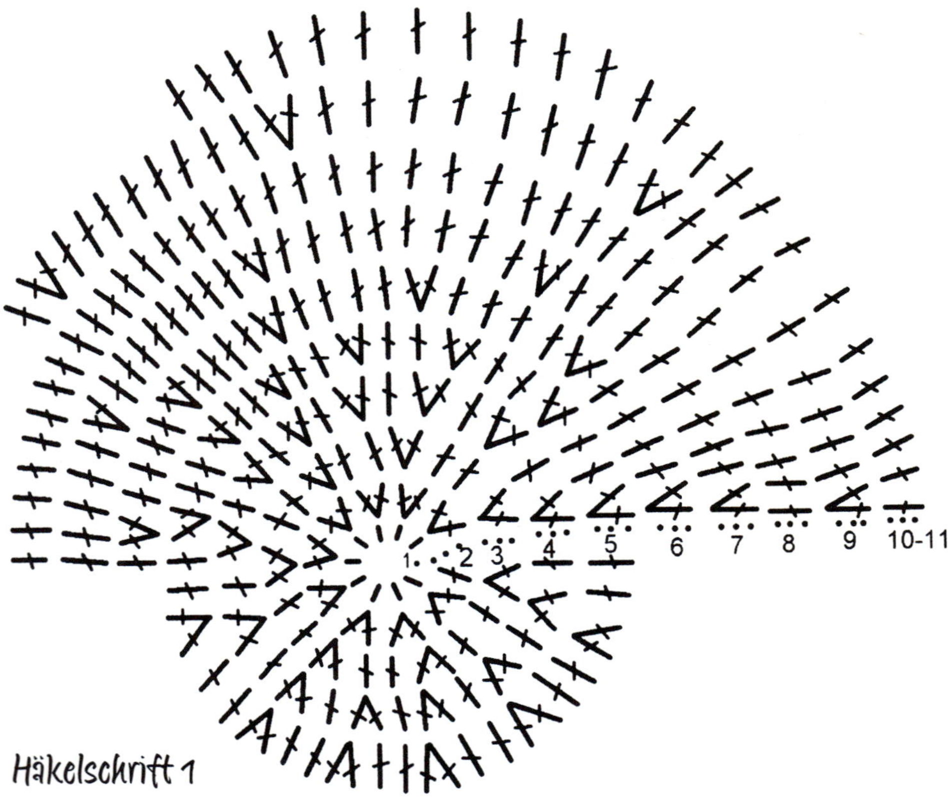

Häkelschrift 1

9. Runde:
3 Lm - (2 Stb in eine Masche - 8 Stb) bis zum Ende wiederholen.

10. und 11. Runde:
3 Lm - 1 Stb auf jedes Stb der Vorrunde.

12. Runde:
3 Lm - (2 Stb zusammenhäkeln - 5 Stb) bis zum Ende wiederholen.

13. Runde:
3 Lm - 1 Stb auf jedes Stb der Vorrunde.

14. Runde:
3 Lm - (2 Stb zusammenhäkeln - 10 Stb) bis zum Ende wiederholen.

Styropor-Form einlegen oder mit dem Ausfüllen der Häkelarbeit beginnen.

15. Runde:
3 Lm - (2 Stb zusammenhäkeln - 5 Stb) bis zum Ende wiederholen.

16. Runde:
3 Lm - 1 Stb auf jedes Stb der Vorrunde.

17. Runde:
3 Lm - (2 Stb zusammenhäkeln - 5 Stb) bis zum Ende wiederholen.

18. und 19. Runde:
3 Lm - 1 Stb auf jedes Stb der Vorrunde.

20. Runde:
3 Lm - (2 Stb zusammenhäkeln - 10 Stb) bis zum Ende wiederholen.

21. Runde:
3 Lm - 1 Stb auf jedes Stb der Vorrunde.

22. Runde:
3 Lm - (2 Stb zusammenhäkeln - 4 Stb) bis zum Ende wiederholen.

23. und 24. Runde:
3 Lm - (2 Stb zusammenhäkeln - 3 Stb) bis zum Ende wiederholen.

25. Runde:
3 Lm - (2 Stb zusammenhäkeln - 2 Stb) bis zum Ende wiederholen.

26. Runde:
3 Lm - (2 Stb zusammenhäkeln - 1 Stb) bis zum Ende wiederholen.

Anmerkung zur Häkelschrift

Wenn Sie nach der Häkelschrift arbeiten, beginnen Sie mit Häkelschrift 1 und häkeln wie angegeben bis zur 11. Runde. Dann beginnen Sie mit dem Ausstopfen der Häkelarbeit oder legen die Styropor-Form ein und arbeiten dann nach Häkelschrift 2 weiter.

Bei Häkelschrift 2 ist nur der Anfang der Runde gezeichnet, die Sie sinngemäß bis zum Ende weiterhäkeln. Zur besseren Übersicht ist die 11. Runde noch einmal gezeichnet, wird aber nicht mehr gehäkelt.

Häkelschrift 2

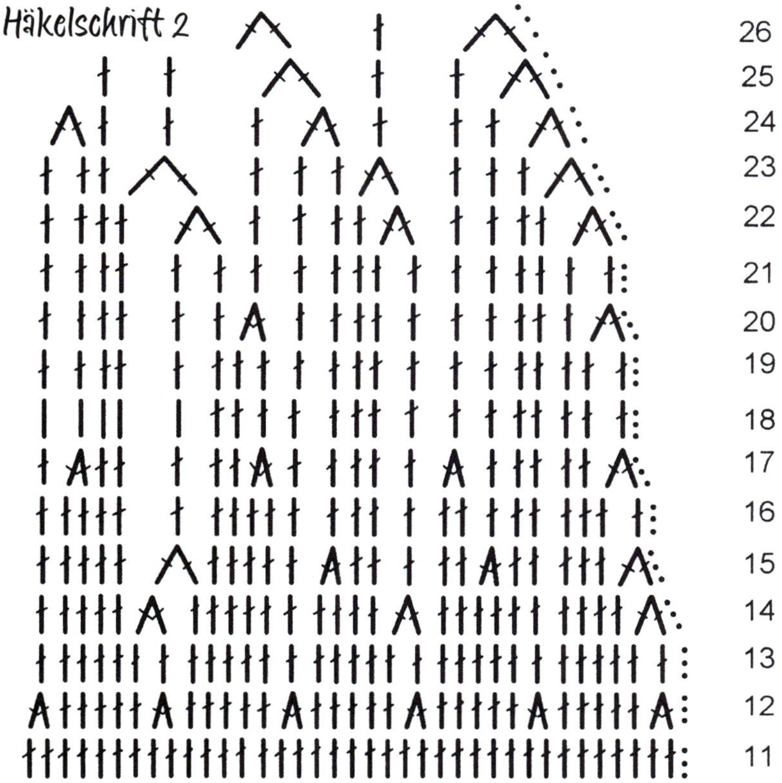

Ausarbeitung

Nach der 26. Runde Faden abschneiden und durch die Maschen der letzten Runde ziehen, fest zusammenziehen und vernähen.
Auf die zweite Runde werden mit dunkelbraunem Garn Krebsmaschen als Blütenrest angehäkelt: Krebsmaschen sind fM, die von links nach rechts gehäkelt werden. Häkeln Sie also 1 Krebsmasche - 2 Lm - 1 Krebsmasche, die Krebsmaschen dabei in jede Masche der Runde stechen.
Für den Stiel werden vom Blumendraht 2 Stücke von 10 cm Länge abgeschnitten und in der Mitte zusammengebogen. Diese Drahtstücke mehrmals mit Kreppband umwickeln und falls gewünscht dabei den Stiel eines Blattes mitfassen (siehe dazu auch Kapitel „Stiele und Blätter" auf Seite 46).

Tip

Sollte keine fertige Form erhältlich sein, können Sie sich die Birnenform auch selbst herstellen, indem Sie das Styropor-Ei am oberen Ende mit einem scharfen Messer zurechtschneiden (siehe Abbildung).

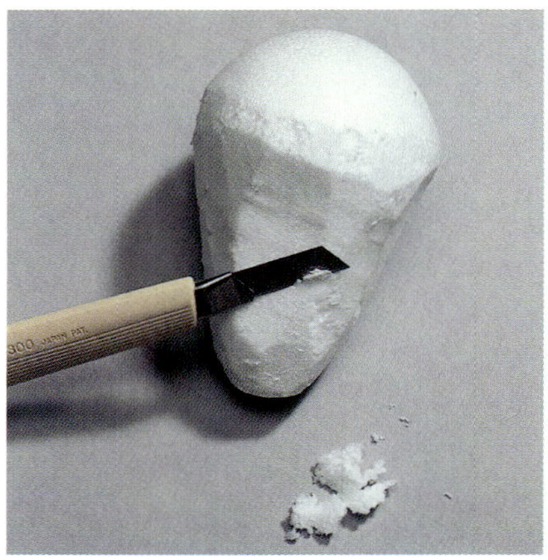

Kirschen

Material

- ✔ Häkelgarn *Aida 10 (Coats)*, Fb 46, kirschrot, oder Fb 1028, dunkelrot
- ✔ Garnhäkelnadel Nr. 1,5
- ✔ Füllwatte
- ✔ Kirschen mit Stiel und Blättern aus Kunststoff

Maschenart: Grundmaschen

Anleitung

Es wird in Runden gearbeitet, jede Runde wird mit einer Km geschlossen.

Einen Fadenring bilden (oder 5 Lm mit einer Km zum Ring schließen).

1. Runde:
1 Lm - 11 fM in den Ring häkeln.

2. Runde:
1 Lm - (2 fM in eine Masche - 1 fM) bis zum Ende wiederholen.

3. Runde:
1 Lm - (2 fM - 2 fM in eine Masche) bis zum Ende wiederholen.

4. Runde:
1 Lm - 1 fM auf jede fM der Vorrunde.

5. Runde:
1 Lm - (2 fM in eine Masche - 3 fM) bis zum Ende wiederholen.

6. - 18. Runde:
1 Lm - 1 fM auf jede fM der Vorrunde.

Kirsche mit Füllwatte ausstopfen.

19. und 20. Runde:
1 Lm - (2 fM zusammenhäkeln - 1 fM) bis zum Ende wiederholen.

Die Häkelarbeit fertig ausstopfen, den Faden durch die Maschen der letzten Runde ziehen, Kirschenstiel in die Füllwatte stecken, den Faden fest zusammenziehen und vernähen.

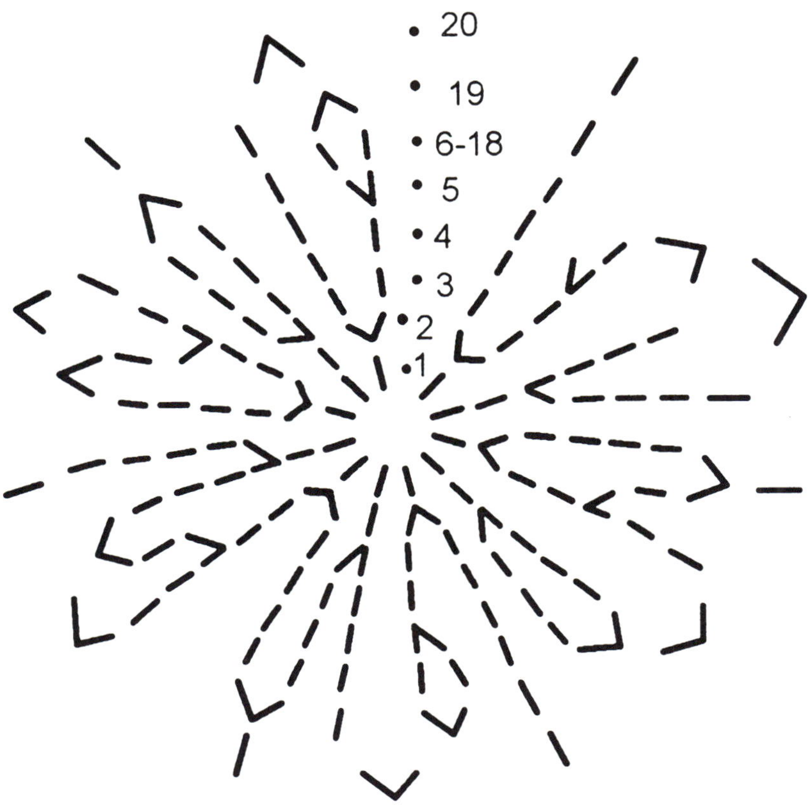

Tip

Sollten Sie im Handel keine Kirschen aus Kunststoff bekommen, können Sie die Stiele und Blätter auch selbst anfertigen. Die Anleitung dazu finden Sie auf Seite 46.

Erdbeeren

Material

- Häkelgarn *Aida 10 (Coats)*, Fb 47, rot, und Fb 212, grün
- Garnhäkelnadel Nr. 1,5
- Kunststoff-Erdbeere mit Blatt oder Füllwatte

Maschenart: Grundmaschen

Anleitung

Es wird in Runden gearbeitet, jede Runde wird mit einer Km geschlossen.

Einen Fadenring bilden (oder 5 Lm mit einer Km zum Ring schließen).

1. Runde:
1 Lm - 11 fM in den Ring häkeln.

2. Runde:
1 Lm - 2 fM in eine Masche - 3 fM - 2 fM in eine M - 1 fM - 2 fM in eine M - 3 fM - 2 fM in eine M.

3. Runde:
1 Lm - 2 fM in eine M - 5 fM - 2 fM in eine M - 1 fM - 2 fM in eine M - 5 fM - 2 fM in eine M.

4. Runde:
1 Lm - 1 fM - 2 fM in eine M - 5 fM - 2 fM in eine M - 3 fM - 2 fM in eine M - 5 fM - 2 fM in eine M - 1 fM.

5. bis 8. Runde:
1 Lm - 1 fM auf jede fM der Vorrunde.

9. Runde:
1 Lm - 2 fM - 3mal (2 fM in eine M - 5 fM) - 2 fM in eine M - 2 fM.

10. Runde:
1 Lm - 3mal (2 fM in eine M - 3 fM) - 2 fM in eine M - 1 fM - 3mal (2 fM in eine M - 3 fM) - 2 fM in eine M.

11. Runde:
1 Lm - 2 fM - 3mal (2 fM in eine M - 3 fM) - 2 fM in eine M - 5 fM - 3mal (2 fM in eine M - 3 fM) - 2 fM in eine M - 2 fM.

12. bis 16. Runde:
1 Lm - 1 fM auf jede fM der Vorrunde.

17. Runde:
1 Lm - 3 fM -
2 fM zusammenhäkeln - 2 fM -
2 fM zusammenhäkeln - 3 fM -
2 fM zusammenhäkeln - 2 fM -
2 fM zusammenhäkeln - 7 fM -
2 fM zusammenhäkeln - 2 fM -
2 fM zusammenhäkeln - 3 fM -
2 fM zusammenhäkeln - 2 fM -
2 fM zusammenhäkeln - 3 fM.

18. Runde:
1 Lm - 1 fM auf jede fM der Vorrunde.

19. Runde:
1 Lm - 4 fM -
2 fM zusammenhäkeln - 5 fM -
2 fM zusammenhäkeln - 9 fM -
2 fM zusammenhäkeln - 5 fM -
2 fM zusammenhäkeln - 4 fM.

20. bis 21. Runde:
1 Lm - 1 fM auf jede fM der Vorrunde.

Erdbeerblatt entfernen und Erdbeere aus Kunststoff einlegen oder mit dem Ausstopfen mit Füllwatte beginnen.

22. bis 24. Runde:
1 Lm - (3 fM - 2 fM zusammenhäkeln) bis zum Ende wiederholen.

Ausarbeitung

Faden abschneiden, durch die Maschen der letzten Runde ziehen, Erdbeerblatt aus Kunststoff wieder montieren, Faden fest zusammenziehen und vernähen.

Wie Sie die Erdbeerblätter häkeln, steht auf Seite 47 im Kapitel „Stiele und Blätter“.

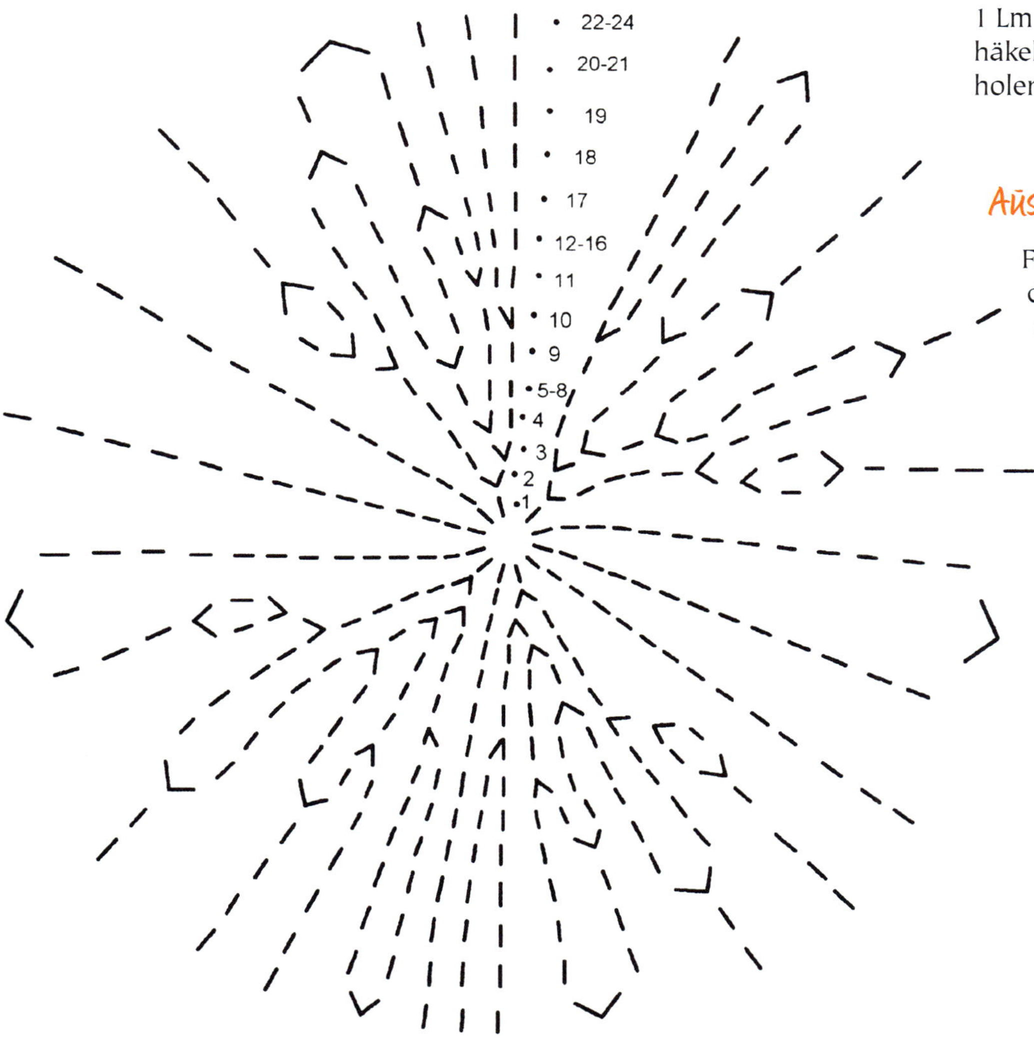

Zitrone

Material

- Häkelgarn *Aida 10 (Coats)*, Fb 293, gelb
- Garnhäkelnadel Nr. 1,5
- Füllwatte

Maschenart: Grundmaschen

Anleitung

Es wird in Runden gearbeitet, jede Runde wird mit einer Km geschlossen.

Einen Fadenring bilden (oder 5 Lm mit einer Km zum Ring schließen).

1. Runde:
2 Lm - 11 fM in den Ring häkeln.

2. bis 5. Runde:
1 Lm - 1 fM auf jede fM der Vorrunde.

6. und 7. Runde:
2 Lm - (2 hStb in eine Masche - 1 hStb) bis zum Ende wiederholen.

8. Runde:
2 Lm - (2 hStb in eine M - 2 hStb) bis zum Ende wiederholen.

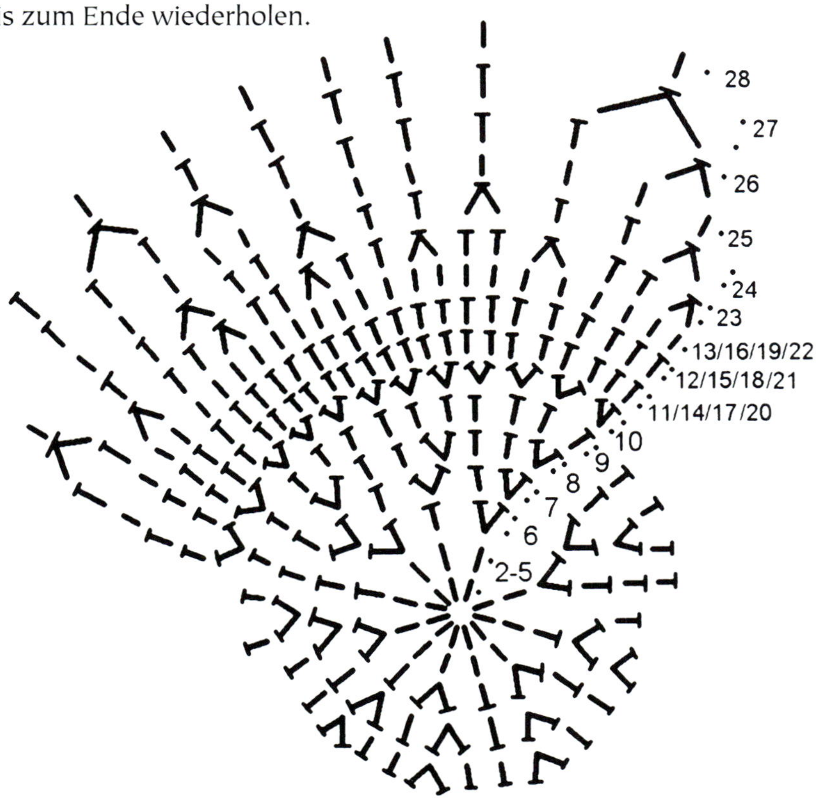

9. Runde:
2 Lm - 1 hStb auf jedes hStb der Vorrunde.

10. Runde:
2 Lm - 2 hStb in jedes hStb der Vorrunde.

11. und 12. Runde:
2 Lm - 1 hStb auf jedes hStb der Vorrunde.

13. Runde:
1 Lm - 1 fM auf jedes hStb der Vorrunde.

Die Runden 11 bis 13 insgesamt 4mal häkeln!

23. und 24. Runde:
2 Lm - (2 hStb zusammenhäkeln - 2 hStb) bis zum Ende wiederholen.

Mit dem Ausstopfen der Häkelarbeit beginnen!

25. Runde:
1 Lm - 1 fM auf jedes hStb der Vorrunde.

26. und 27. Runde:
2 Lm - (2 hStb zusammenhäkeln - 5 hStb) bis zum Ende wiederholen.

28. Runde:
1 Lm - 1 fM auf jedes hStb der Vorrunde.

Ausarbeitung

Faden abschneiden, durch die Maschen der letzten Runde ziehen, Faden fest zusammenziehen und vernähen.

Die Enden der Zitrone können Sie mit grüner Stoffmalfarbe bemalen, um der Frucht einen noch realistischeren Charakter zu geben. Wie Sie Häkelobst selbst bemalen, steht auf Seite 47.

Tip

Wenn Sie eine größere Zitrone häkeln möchten, können Sie nach der 13. Runde die Runden 7 bis 9 noch einmal häkeln und dann bei Runde 14 in der Anleitung weiterarbeiten. Allerdings müssen Sie dann auch beim Abnehmen am Ende der Frucht die Runde 27 entsprechend oft wiederholen, bis die Öffnung klein genug ist.

Weintrauben

Material

- ✔ Häkelgarn *Aida 10* oder *Aida 20 (Coats)*, Fb 777, grün, oder Fb 1028, kardinalrot, oder Fb 150, dunkelblau
- ✔ Garnhäkelnadel Nr. 1,25 oder 1,5
- ✔ Weinrebe mit Blättern aus Kunststoff, 17 oder 22 cm groß

Maschenart: Grundmaschen

Anleitung

Es wird in Runden gearbeitet, jede Runde wird mit einer Km geschlossen.

Einen Fadenring bilden (oder 5 Lm mit einer Km zum Ring schließen).

1. Runde:
1 Lm - 11 fM in den Ring häkeln.

2. Runde:
1 Lm - 2 fM in jede fM der Vorrunde.

3. bis 18. Runde:
1 Lm - 1 fM auf jede fM der Vorrunde.

Ausarbeitung

Faden ca. 15 cm lang abschneiden und durch die fM der letzten Runde ziehen. Eine Kunststofftraube einlegen, wieder auf der Rebe montieren, Faden fest zusammenziehen und vernähen. Alle Trauben auf diese Art montieren.

Tip

Je nach Stärke des verwendeten Garns unterscheidet sich die Größe der Trauben.
Häkelgarn der Stärke 20 ergibt kleinere Trauben für die kleine Weinrebe, Häkelgarn der Stärke 10 die größeren Trauben für die größere Rebe.
Trotzdem sollten Sie die Paßform während des Häkelns immer wieder kontrollieren und je nach Festigkeit der Arbeit Reihen hinzufügen oder weglassen.
Eine Anleitung zum Häkeln von Weinblättern finden Sie auf Seite 46 im Kapitel „Stiele und Blätter".

Kleine Melonenspalte

Material

- ✔ Häkelgarn *Aida 10 (Coats)*, Fb 46, rot, Fb 1012, lachs, Fb 259, hellgrün, und Fb 212, dunkelgrün
- ✔ Perlgarnrest in Dunkelbraun
- ✔ Garnhäkelnadel Nr. 1,5
- ✔ Sticknadel
- ✔ Styroporkugel, 12 cm Ø

Maschenart: Grundmaschen und Reliefstäbchen

Anleitung

Der rote Innenteil der Melone (Häkelschrift 1) wird in Runden gearbeitet (jede Runde mit einer Km schließen), die grüne Schale in Reihen (Häkelschrift 2).

Einen Fadenring bilden (oder 5 Lm mit einer Km zum Ring schließen).

1. bis 11. Runde in Rot häkeln:

1. Runde:
1 Lm - 11 fM in den Ring häkeln.

2. Runde:
1 Lm - 2 fM in jede Masche der Vorrunde.

3. Runde:
3 Lm - 2 Stb in jede M der Vorrunde.

4. Runde:
1 Lm - 1 fM in jede M der Vorrunde.

5. Runde:
3 Lm - (1 Stb - 2 Stb in eine M) bis zum Ende wiederholen.

6. Runde:
1 Lm - 1 fM in jede M der Vorrunde.

7. Runde:
3 Lm - (2 Stb - 2 Stb in eine M) bis zum Ende wiederholen.

8. Runde:
1 Lm - 1 fM in jede M der Vorrunde.

9. Runde:
3 Lm - (3 Stb - 2 Stb in eine M) bis zum Ende wiederholen.

10. Runde:
1 Lm - 1 fM in jede M der Vorrunde.

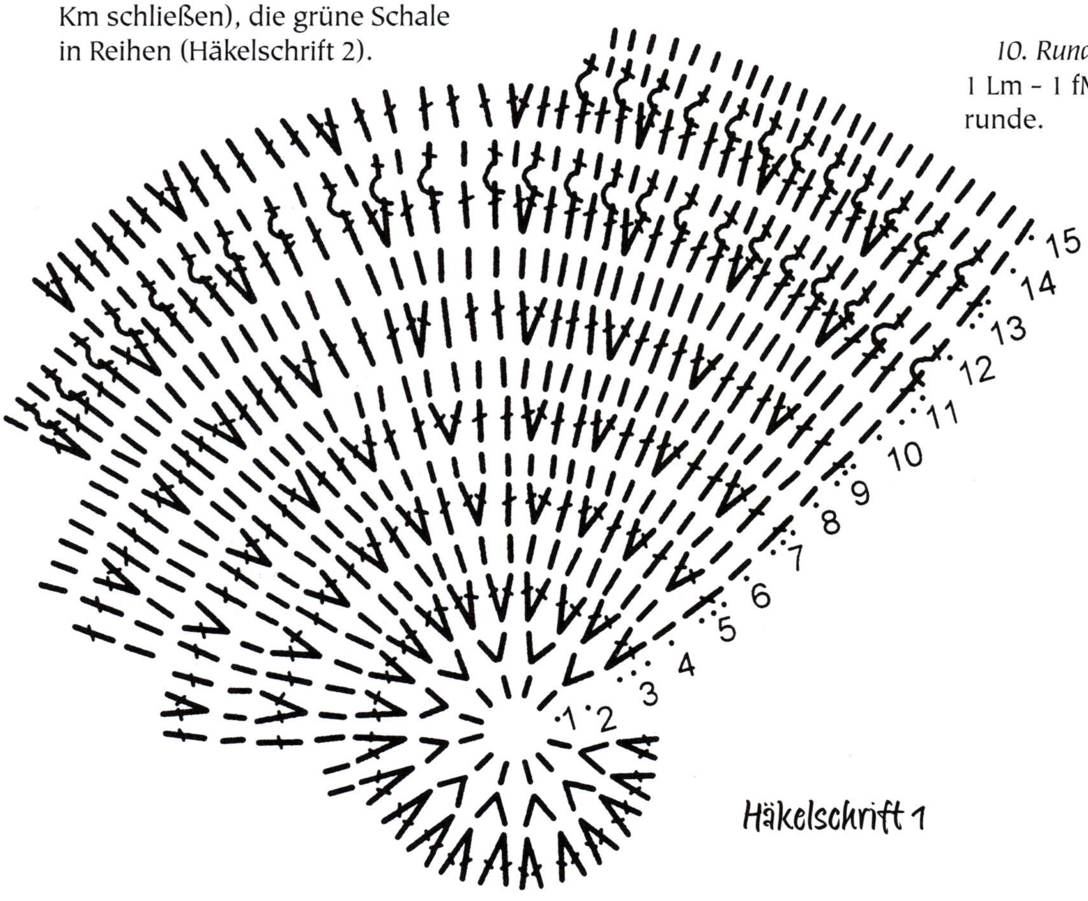

Häkelschrift 1

11. Runde:
3 Lm - (4 Stb - 2 Stb in eine M) bis zum Ende wiederholen.

12. und 13. Runde in Lachs häkeln.

12. Runde:
1 Lm - (1 RStb - 1 fM) bis zum Ende wiederholen.

13. Runde:
3 Lm - (5 Stb - 2 Stb in eine Masche) bis zum Ende wiederholen.

14. Runde (in Hellgrün):
1 Lm - (1 fM - 1 RStb) bis zum Ende wiederholen.

15. Runde (in Dunkelgrün):
1 Lm - 1 fM in jede M der Vorrunde.

Ab der 16. Reihe für die Schale der Melone mit dunkelgrünem Garn in Reihen weiterhäkeln.

Beim Wenden der Arbeit werden KEINE Luftmaschen gehäkelt!

16. Reihe:
5 Km - 10 fM - 10 hStb - 20 Stb - 10 hStb - 10 fM - 5 Km.

17. Reihe:
3 Km - 64 fM - 1 Km.

18. Reihe:
3 Km - 10 fM - 10 hStb - 20 Stb - 10 hStb - 10 fM - 1 Km.

19. Reihe:
3 Km - 56 fM - 2 Km.

20. Reihe:
3 Km - 8 fM - 5 hStb - 28 Stb - 5 hStb - 8 fM - 1 Km.

21. Reihe:
2 Km - 52 fM - 1 Km.

22. Reihe:
4 Km - 10 fM - 5 hStb - 16 Stb - 5 hStb - 10 fM - 1 Km.

23. Reihe:
2 Km - 44 fM - 1 Km.

24. Reihe:
2 Km - 5 fM - 10 hStb - 12 Stb - 10 hStb - 5 fM - 1 Km.

25. Reihe:
2 Km - 40 fM - 1 Km.

26. Reihe:
2 Km - 6 fM - 5 hStb - 5 Stb - 3mal (2 Stb zusammenhäkeln) - 4 Stb - 5 hStb - 6 fM - 1 Km.

27. Reihe:
2 Km - 32 fM - 1 Km.

Faden abschneiden, bei der 15. Runde neu anketten.

Die Reihen 16 bis 26 für die zweite Hälfte der Melonenschale auf der anderen Seite wiederholen.

Ausarbeitung

Mit dunkelbraunem Perl- oder Häkelgarn die Kerne aufsticken, die Häkelarbeit über das Viertel einer Styroporkugel spannen und zusammennähen.

Tip

Für die Melonen habe ich einen rot-braun-melierten Garnrest der Stärke 10 verwendet.

Häkelschrift 2

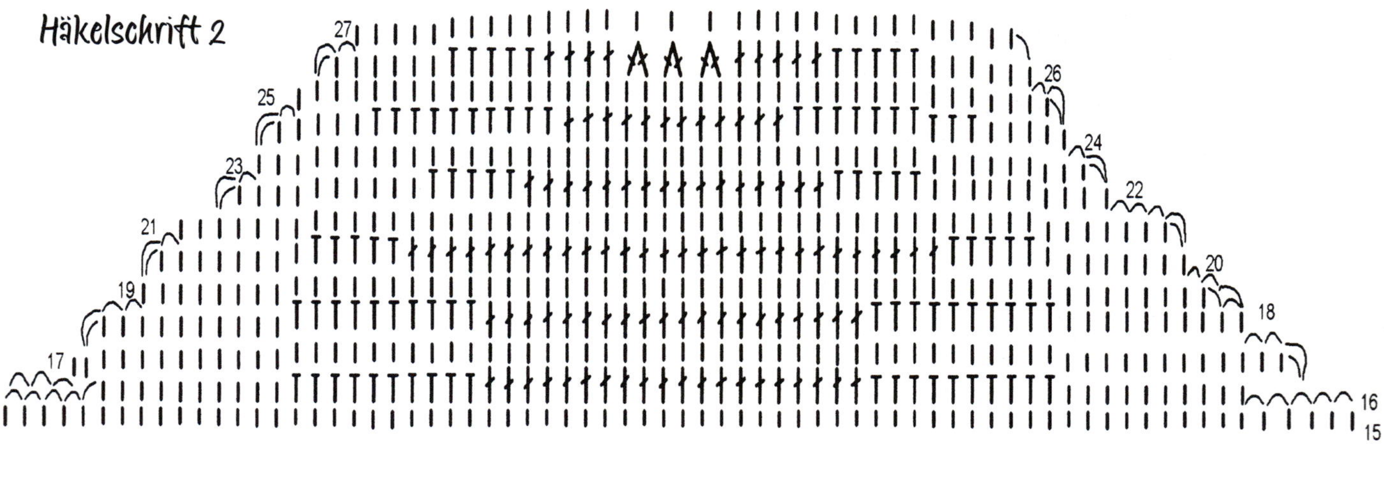

Große Melonenhälfte

Material

- ✔ Häkelgarn *Aida 10 (Coats)*, Fb 46, rot, Fb 1012, lachs, Fb 259, hellgrün, und Fb 212, dunkelgrün
- ✔ Perlgarnrest in Dunkelbraun
- ✔ Garnhäkelnadel Nr. 1,5
- ✔ Sticknadel
- ✔ Styroporkugel, 20 cm Ø
- ✔ Zeitungspapier
- ✔ Gips

Maschenart: Grundmaschen und Reliefstäbchen

Anleitung

Hier werden roter Innenteil und grüne Schale der Melone getrennt in Runden gearbeitet (jede Runde mit einer Km schließen).

Die ersten 21 Runden häkeln Sie mit rotem Garn.

Für die ersten elf Runden finden Sie Anleitung und Häkelschrift unter „Kleine Melonenspalte“ auf Seite 24.

12. Runde:
1 Lm - 1 fM auf jede Masche der Vorrunde.

13. Runde:
3 Lm - (4 Stb - 2 Stb in eine M) bis zum Ende wiederholen.

14. Runde:
1 Lm - 1 fM auf jede M der Vorrunde.

15. Runde:
3 Lm - (5 Stb - 2 Stb in eine M) bis zum Ende wiederholen.

16. Runde:
1 Lm - 1 fM auf jede M der Vorrunde.

17. Runde:
3 Lm - (6 Stb - 2 Stb in eine M) bis zum Ende wiederholen.

18. Runde:
1 Lm - 1 fM auf jede M der Vorrunde.

19. Runde:
3 Lm - (7 Stb - 2 Stb in eine M) bis zum Ende wiederholen.

20. Runde:
1 Lm - 1 fM auf jede M der Vorrunde.

21. Runde:
3 Lm - (8 Stb - 2 Stb in eine M) bis zum Ende wiederholen.

22. und 23. Runde in Lachs häkeln.

22. Runde:
1 Lm - (1 RStb - 1 fM) bis zum Ende wiederholen.

23. Runde:
3 Lm - (9 Stb - 2 Stb in eine M) bis zum Ende wiederholen.

24. Runde (in Hellgrün):
1 Lm - (1 RStb - 1 fM) bis zum Ende wiederholen.

25. Runde (in Dunkelgrün):
1 Lm - 1 fM auf jede M der Vorrunde.

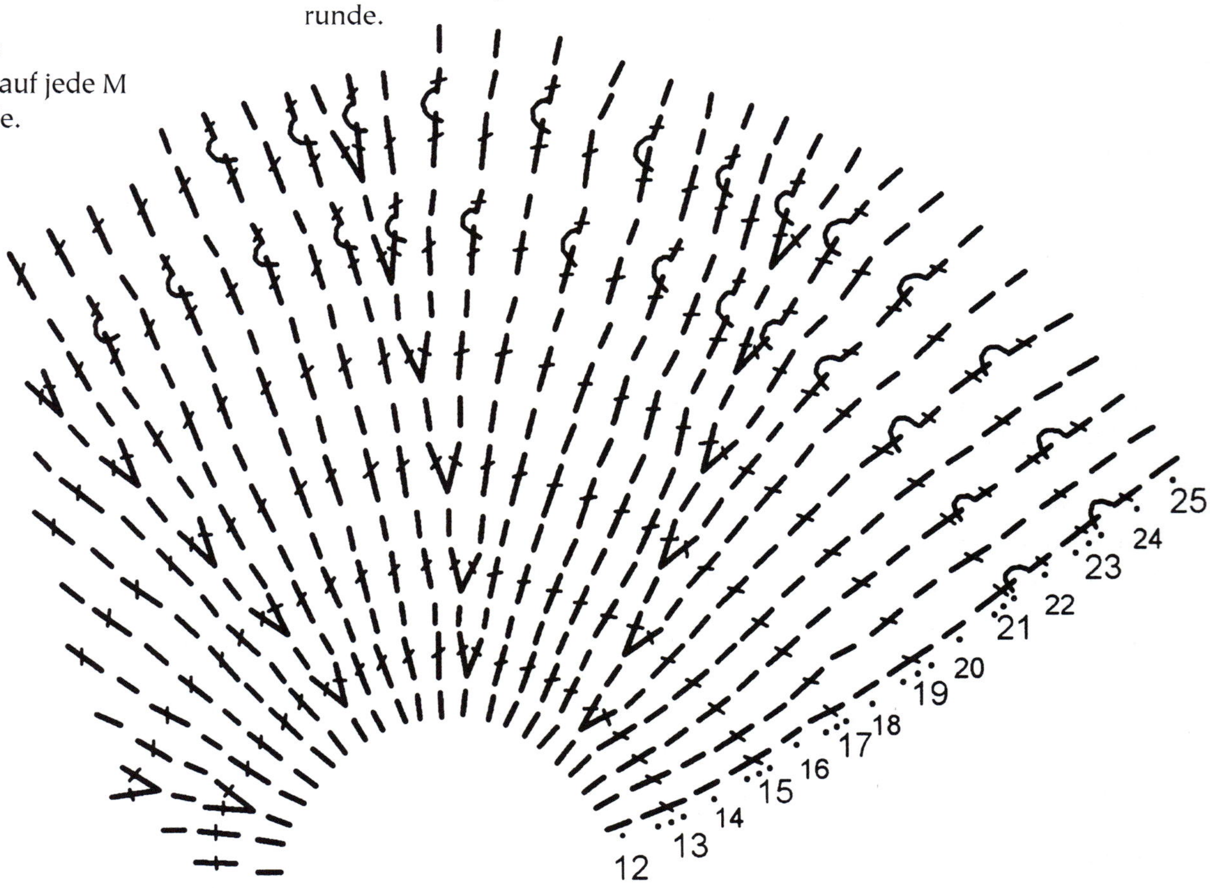

Melonenschale

Die Melonenschale wird mit dunkelgrünem Garn gehäkelt.

Einen Fadenring bilden (oder 6 Lm mit einer Km zum Ring schließen).

1. Runde:
1 Lm - 12 fM in den Ring häkeln.

2. Runde:
1 Lm - 2 fM in jede Masche der Vorrunde.

3. Runde:
3 Lm - (2 Stb - 2 Stb in eine M) bis zum Ende wiederholen.

4. Runde:
3 Lm - (1 Stb - 2 Stb in eine M) bis zum Ende wiederholen.

5. Runde:
3 Lm - (2 Stb - 2 Stb in eine M) bis zum Ende wiederholen.

6. Runde:
3 Lm - (10 Stb - 2 Stb in eine M) bis zum Ende wiederholen.

7. Runde:
3 Lm - (10 Stb - 2 Stb in eine M) bis zum Ende wiederholen.

8. Runde:
3 Lm - (9 Stb - 2 Stb in eine M) bis zum Ende wiederholen.

9. Runde:
3 Lm - (9 Stb - 2 Stb in eine M) bis zum Ende wiederholen.

10. Runde:
3 Lm - (10 Stb - 2 Stb in eine M) bis zum Ende wiederholen.

11. Runde:
3 Lm - (18 Stb - 2 Stb in eine M) bis zum Ende wiederholen.

12. Runde:
3 Lm - (14 Stb - 2 Stb in eine M) bis zum Ende wiederholen.

13. Runde:
3 Lm - (14 Stb - 2 Stb in eine M) bis zum Ende wiederholen.

14. Runde:
3 Lm - (14 Stb - 2 Stb in eine M) bis zum Ende wiederholen.

15. Runde:
3 Lm - (15 Stb - 2 Stb in eine M) bis zum Ende wiederholen.

16. Runde:
3 Lm - (16 Stb - 2 Stb in eine M) bis zum Ende wiederholen.

17. Runde:
3 Lm - (17 Stb - 2 Stb in eine M) bis zum Ende wiederholen.

18. Runde:
3 Lm - (18 Stb - 2 Stb in eine M) bis zum Ende wiederholen.

19. Runde:
3 Lm - (19 Stb - 2 Stb in eine M) bis zum Ende wiederholen.

20. Runde:
3 Lm - (19 Stb - 2 Stb in eine M) bis zum Ende wiederholen.

21. bis 23. Runde:
3 Lm - 1 Stb in jede M der Vorrunde.

24. Runde:
3 Lm - (25 Stb - 2 Stb in eine M) bis zum Ende wiederholen.

25. und 26. Runde:
3 Lm - 1 Stb in jede M der Vorrunde.

27. Runde:
1 Lm - 1 fM in jede M der Vorrunde.

Ausarbeitung

Da Styroporkugeln in dieser Größe innen hohl sind, müssen Sie erst den Hohlraum ausfüllen. Dazu verwende ich Gips und Zeitungspapier. Es eignet sich aber auch die im Handel erhältliche Pappmaché-Masse.

Gipsmasse etwas flüssiger als üblich anrühren, zerknülltes Zeitungspapier in die Masse tauchen und die Halbkugel damit nach und nach ausfüllen. Restliche Gipsmasse in die Kugel füllen, damit sich die Hohlräume zwischen dem Papier füllen, Oberfläche glattstreichen und gut austrocknen lassen.

In den Runden 13, 15 und 17 die Kerne mit dunkelbraunem Perl- oder Häkelgarn auf den roten Innenteil aufsticken.

Die gehäkelte Schale über die Halbkugel ziehen und am Rand mit Stecknadeln fixieren.
Die Schnittfläche der Melone auflegen und die Ränder der beiden Häkelteile mit dunkelgrünem Garn zusammennähen.

Mandarine

Material

- ✔ Häkelgarnreste Stärke 10 in Orange und Dunkelbraun
- ✔ Garnhäkelnadel Nr. 1,5
- ✔ Füllwatte

Maschenart: Grundmaschen und gekreuzte feste Maschen

Anleitung

Es wird in Runden gearbeitet, jede Runde wird mit einer Km geschlossen.

Einen Fadenring bilden (oder 5 Lm mit einer Km zum Ring schließen).

1. Runde:
1 Lm - 11 fM in den Ring häkeln.

2. Runde:
1 Lm - 2 fM in jede Masche der Vorrunde.

3. Runde:
1 Lm - (2 XfM - 2 fM in eine M) bis zum Ende wiederholen.

4. Runde:
1 Lm - 1 fM in jede M der Vorrunde.

5. Runde:
1 Lm - (2 XfM - 2 fM in eine M) bis zum Ende wiederholen.

6. Runde:
1 Lm - 1 fM in jede M der Vorrunde.

7. Runde:
1 Lm - (2 XfM - 2 fM in eine M) bis zum Ende wiederholen.

8. Runde:
1 Lm - 1 fM in jede M der Vorrunde.

9. Runde:
1 Lm - (2 XfM - 2 fM in eine M) bis zum Ende wiederholen.

10. Runde:
1 Lm - 1 fM in jede M der Vorrunde.

11. Runde:
1 Lm - (1 fM - 2 XfM) bis zum Ende wiederholen.

12. Runde:
1 Lm - 1 fM in jede M der Vorrunde.

Die Runden 11 und 12 insgesamt 8mal häkeln.

27. Runde:
1 Lm - (2 XfM - 2 fM zusammenhäkeln) bis zum Ende wiederholen.

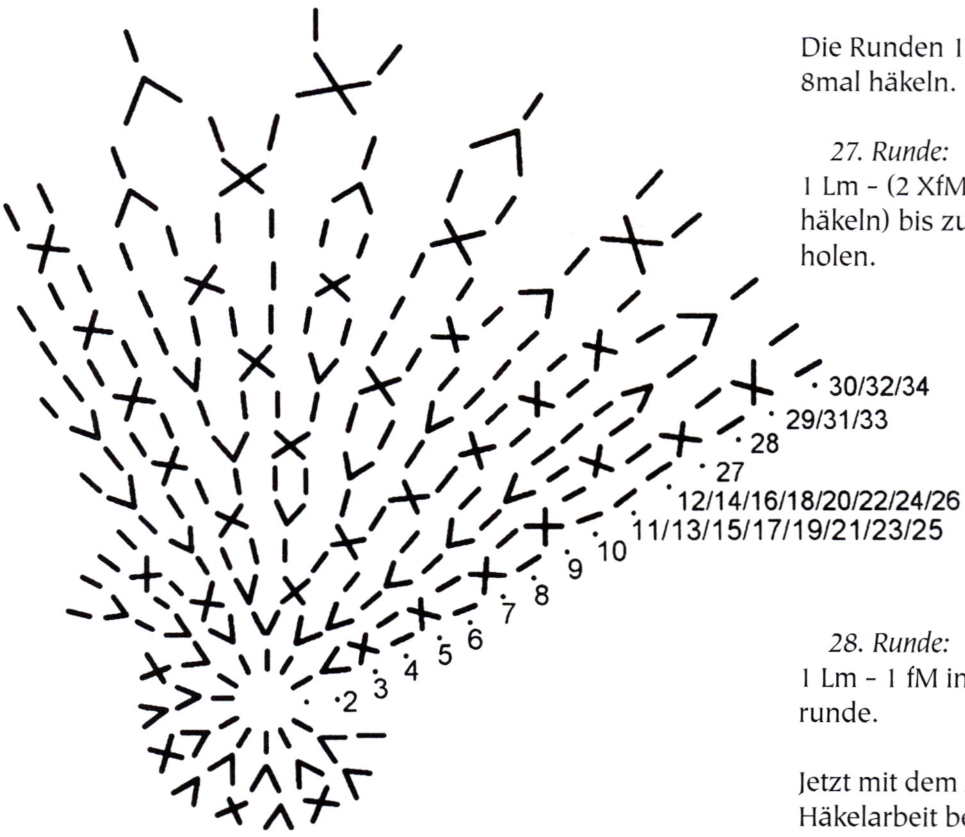

28. Runde:
1 Lm - 1 fM in jede M der Vorrunde.

Jetzt mit dem Ausstopfen der Häkelarbeit beginnen.

29. Runde:
1 Lm - (2 XfM - 2 fM zusammenhäkeln) bis zum Ende wiederholen.

30. Runde:
1 Lm - 1 fM in jede M der Vorrunde.

Die Runden 29 und 30 noch zweimal wiederholen.

Ausarbeitung

Faden ca. 20 cm lang abschneiden und durch die Maschen der 34. Runde ziehen.

35. Runde:
Mit dunkelbraunem Garn Krebsmaschen (= fM von links nach rechts) häkeln, dazwischen je 1 Lm. Faden vernähen.

Den orangefarbenen Faden fest zusammenziehen.

Den Anfangsfaden ebenfalls fest zusammenziehen, durch die Mandarine durchstechen und mit dem Endfaden so verknüpfen, daß oben und unten eine Einbuchtung entsteht. Beide Fäden vernähen.

Orange

Material

- ✔ Häkelgarnrest Stärke 10 in Orange
- ✔ Häkelgarnrest Stärke 20 in Braun
- ✔ Garnhäkelnadel Nr. 1,5
- ✔ Styroporkugel, 8 cm Ø (oder Facettenkugel)

Maschenart: Grundmaschen und Reliefstäbchen

Anleitung

Es wird in Runden gearbeitet, jede Runde wird mit einer Km geschlossen.

Einen Fadenring bilden (oder 5 Lm mit einer Km zum Ring schließen).

1. Runde:
3 Lm - 15 Stb in den Ring häkeln.

2. Runde:
2 Lm - 1 RStb um die 3 Lm der ersten Runde - (1 RStb und 1 Stb in eine M) bis zum Ende wiederholen.

3. Runde:
3 Lm - (2 Stb in eine M - 4 Stb) bis zum Ende wiederholen.

4. Runde:
3 Lm - (1 Stb und 1 RStb in eine M) bis zum Ende wiederholen.

5. Runde:
3 Lm - 1 Stb in jedes Stb der Vorrunde.

6. Runde:
3 Lm - (1 RStb - 1 Stb) bis zum Ende wiederholen.

7. Runde:
3 Lm - 1 Stb in jedes Stb der Vorrunde.

8. Runde:
3 Lm - (1 Stb - 1 RStb) bis zum Ende wiederholen.

9. Runde:
3 Lm - (9 Stb - 2 Stb in eine M) bis zum Ende wiederholen.

10. Runde:
wie die 6. Runde häkeln.

11. Runde:
wie die 7. Runde häkeln.

12. Runde:
wie die 8. Runde häkeln.

13. Runde:
wie die 7. Runde häkeln.

14. Runde:
wie die 6. Runde häkeln.

15. Runde:
3 Lm - (2 Stb zusammenhäkeln - 8 Stb) bis zum Ende wiederholen.

16. Runde:
3 Lm - (1 Stb - 1 RStb) bis zum Ende wiederholen.

17. Runde:
3 Lm - (2 Stb zusammenhäkeln - 6 Stb) bis zum Ende wiederholen.

Styroporkugel einlegen!

18. Runde:
3 Lm - (1 Stb - 1 RStb) bis zum Ende wiederholen.

19. und 20. Runde:
wie 17. und 18. Runde häkeln.

21. Runde:
3 Lm - 1 Stb in jede M der Vorrunde.

22. Runde:
3 Lm - (1 Stb und 1 RStb zusammenhäkeln) bis zum Ende wiederholen.

23. Runde:
3 Lm - 1 Stb in jede M der Vorrunde.

Häkelschrift 1

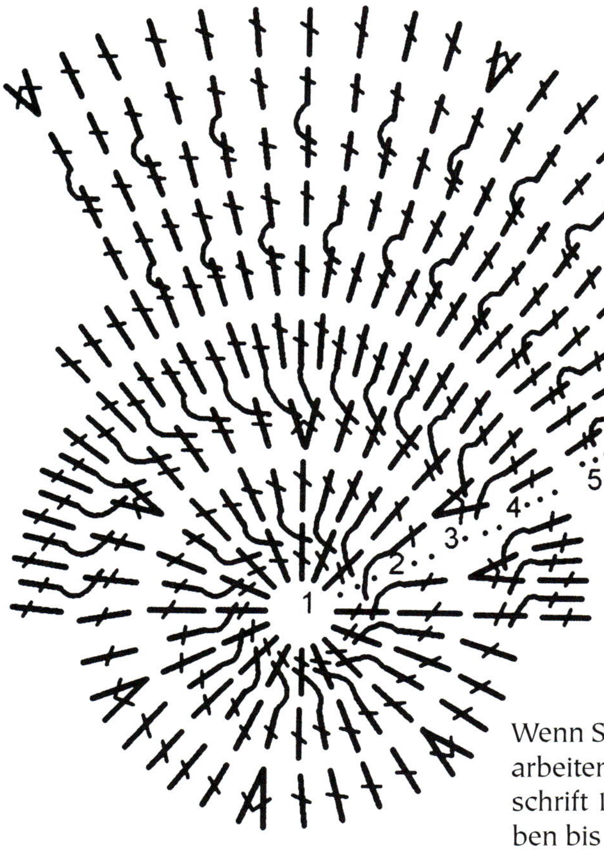

Anmerkung zur Häkelschrift

Wenn Sie nach der Häkelschrift arbeiten, beginnen Sie mit Häkelschrift 1 und häkeln wie angegeben bis zur 14. Runde. Ab der 15. Runde häkeln Sie nach Häkelschrift 2 weiter.

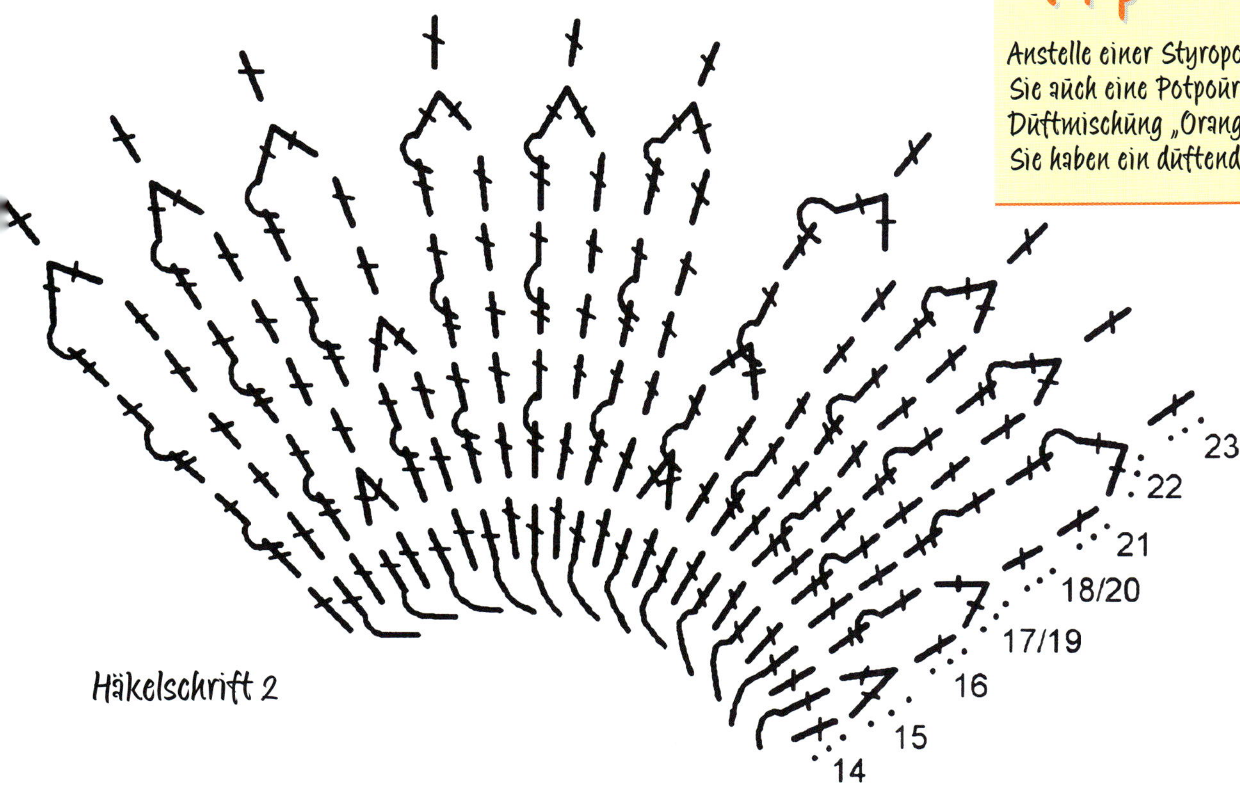

Häkelschrift 2

Bei Häkelschrift 2 ist nur der Anfang der Runde gezeichnet, die Sie sinngemäß bis zum Ende weiterhäkeln. Zur besseren Übersicht ist die 14. Runde noch einmal gezeichnet, wird aber nicht mehr gehäkelt.

Ausarbeitung

Faden ca. 15 cm lang abschneiden und durch die letzte Stäbchenrunde ziehen.

24. Runde:
Mit braunem Garn Krebsmaschen häkeln: Krebsmaschen sind fM, die von links nach rechts gehäkelt werden. Häkeln Sie also 1 Krebsmasche - 2 Lm - 1 Krebsmasche, die Krebsmaschen werden dabei in jede Masche der 23. Runde gestochen. Anfangsfaden fest zusammenziehen und vernähen.

Tip

Anstelle einer Styroporkugel können Sie auch eine Potpourri-Kugel mit Duftmischung „Orange" füllen und Sie haben ein duftendes Geschenk.

Grapefruit

Material

- ✔ Häkelgarn *Aida 10 (Coats)*, Fb 293 oder Fb 311, gelb
- ✔ Häkelgarnrest *Aida 20 (Coats)*, Fb 213, hellgrün
- ✔ Garnhäkelnadel Nr. 1,5
- ✔ Styropor-Kerzenständer oder Füllwatte
- ✔ 1 Glaskopf-Stecknadel

Maschenart: Grundmaschen und gekreuzte Reliefstäbchen

Anleitung

Es wird in Runden gearbeitet, jede Runde wird mit einer Km geschlossen.
Einen Fadenring bilden (oder 5 Lm mit einer Km zum Ring schließen).

1. Runde:
3 Lm - 15 Stb in den Ring häkeln.

2. Runde:
3 Lm - 1 RStb um die 3 Lm der Vorrunde - (1 Stb und 1 RStb in jedes Stb der Vorrunde) bis zum Ende wiederholen.

3. Runde:
3 Lm - (2 Stb in eine Masche - 4 Stb) bis zum Ende wiederholen.

4. Runde:
2 Lm - (1 RStb um das 3. Stb der Vorrunde - 1 fM in das 2. Stb der Vorrunde - 1 RStb um das 1. Stb der Vorrunde - 1 fM in das 3. Stb der Vorrunde) bis zum Ende wiederholen.

5. Runde:
3 Lm - (2 Stb in eine M - 3 Stb) bis zum Ende wiederholen.

6. Runde:
2 Lm (1 RStb um das 3. Stb der Vorrunde - 1 fM in das 2. Stb der Vorrunde - 1 RStb um das 1. Stb der Vorrunde - 1 fM in das 3. Stb der Vorrunde) bis zum Ende wiederholen.

7. Runde:
3 Lm - 1 Stb in jede M der Vorrunde.

8. Runde:
2 Lm - (1 RStb um das 3. Stb der Vorrunde - 1 fM in das 2. Stb der Vorrunde - 1 RStb um das 1. Stb der Vorrunde - 1 fM in das 4. Stb der Vorrunde) bis zum Ende wiederholen.

9. Runde:
3 Lm - (2 Stb in eine M - 7 Stb) bis zum Ende wiederholen.

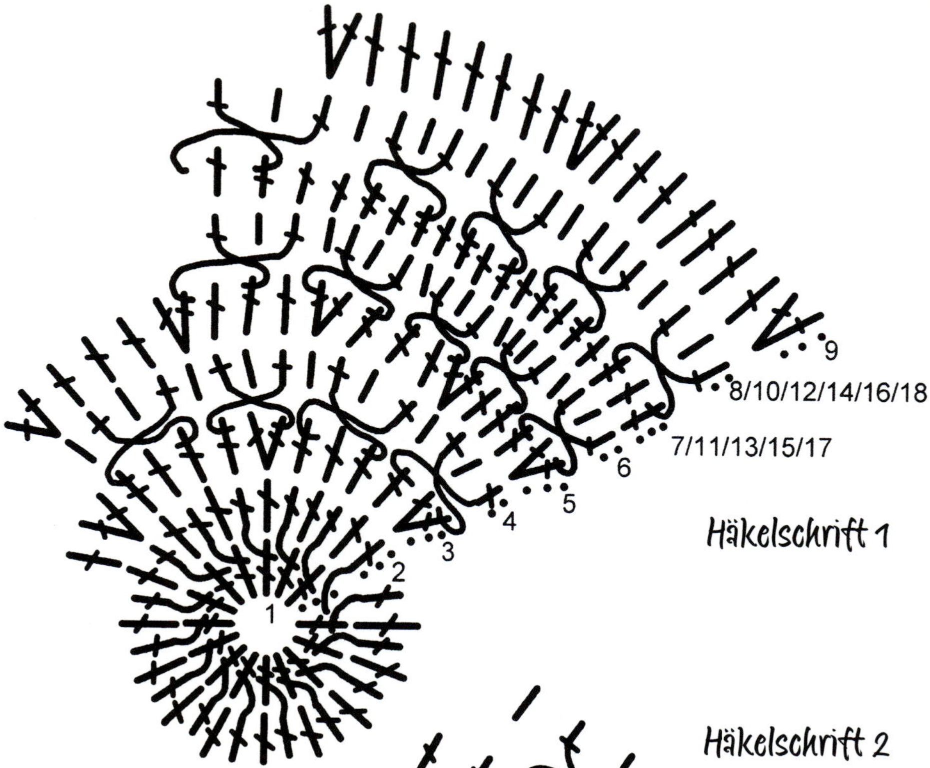

Häkelschrift 1

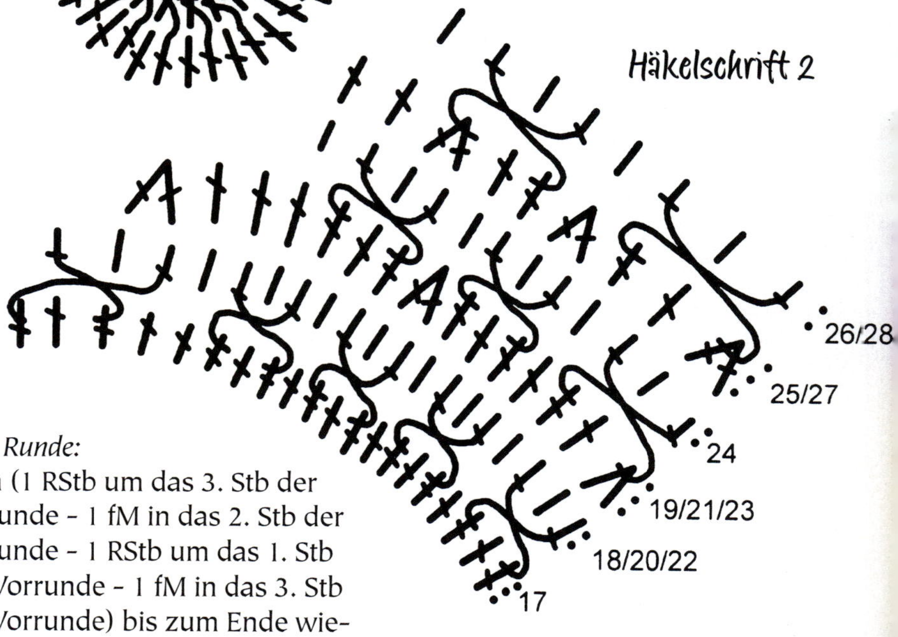

Häkelschrift 2

10./12./14./16./18. Runde:
wie die 8. Runde häkeln.

11./13./15./17. Runde:
wie die 7. Runde häkeln.

19. Runde:
3 Lm - (2 Stb zusammenhäkeln - 6 Stb) bis zum Ende wiederholen.

20. Runde:
2 Lm - (1 RStb um das 3. Stb der Vorrunde - 1 fM in das 2. Stb der Vorrunde - 1 RStb um das 1. Stb der Vorrunde - 1 fM in das 4. Stb der Vorrunde) bis zum Ende wiederholen.

21. Runde:
wie die 19. Runde häkeln.
22. Runde:
wie die 20. Runde häkeln.
23. Runde:
wieder wie die 19. Runde häkeln.

Styropor-Kerzenständer so in die Häkelarbeit einlegen, daß die Öffnung für die Kerze oben ist, oder mit dem Ausfüllen mit Füllwatte beginnen.

24. Runde:
2 Lm - (1 RStb um das 3. Stb der Vorrunde - 1 fM in das 2. Stb der Vorrunde - 1 RStb um das 1. Stb der Vorrunde - 1 fM in das 4. Stb der Vorrunde) bis zum Ende wiederholen.
25. Runde:
3 Lm - (2 Stb zusammenhäkeln - 2 Stb) bis zum Ende wiederholen.
26. Runde:
2 Lm - (1 RStb um das 3. Stb der Vorrunde - 1 fM in das 2. Stb der Vorrunde - 1 RStb um das 1. Stb der Vorrunde - 1 fM in das 4. Stb der Vorrunde) bis zum Ende wiederholen.
27. Runde:
wie die 25. Runde häkeln.
28. Runde:
wie die 26. Runde häkeln.

Anmerkung zur Häkelschrift

Wenn Sie nach der Häkelschrift arbeiten, beginnen Sie mit Häkelschrift 1 und häkeln Sie wie angegeben bis zur 18. Runde. Ab der 19. Runde häkeln Sie nach Häkelschrift 2 weiter.

Bei Häkelschrift 2 ist nur der Anfang der Runde gezeichnet, die Sie sinngemäß bis zum Ende weiterhäkeln. Zur besseren Übersicht sind die 17. und die 18. Runde noch einmal gezeichnet, sie werden aber nicht mehr gehäkelt.

Ausarbeitung

Faden ca. 15 cm lang abschneiden und durch die letzte Stäbchenrunde ziehen.

29. Runde:
Mit hellgrünem Garn Krebsmaschen häkeln: Krebsmaschen sind fM, die von links nach rechts gehäkelt werden. Häkeln Sie also 1 Krebsmasche - 2 Lm - 1 Krebsmasche, die Krebsmaschen dabei in jede Masche der 28. Runde stechen.

Öffnung des Kerzenständers mit Watte ausstopfen, gelben Faden fest zusammenziehen und vernähen. Mit Stecknadel fixieren. Anfangsfaden ebenfalls fest zusammenziehen und vernähen. Wenn Sie die Grapefruit mit Watte füllen, so verfahren Sie wie unter „Mandarine“ beschrieben (siehe Seite 30).

Baby-Ananas

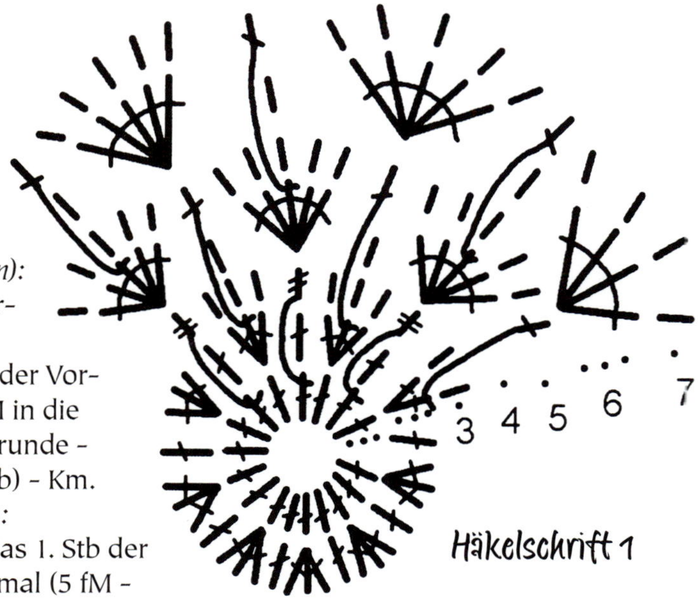

Häkelschrift 1

Material

- ✔ Häkelgarn *Opera 10 (Coats)*, Fb 513, braun, Fb 524, gelb, und Fb 556, grün
- ✔ Garnhäkelnadel Nr. 1,5
- ✔ Styropor-Ei, 12 cm Ø

Maschenart: Grundmaschen und Reliefstäbchen

Anleitung

Es wird in Runden gearbeitet, jede Runde wird mit einer Km geschlossen.

Ab der dritten Runde wird in jeder Runde die Farbe gewechselt! Beim Farbwechsel häkeln Sie bereits die Km der letzten Runde mit der Farbe der nächsten Runde.

Einen Fadenring bilden (oder 5 Lm in einer Km zum Ring schließen).

1. Runde (in Braun):
3 Lm - 17 Stb in den Ring häkeln.

2. Runde (in Braun):
3 Lm - 2 Stb in die erste Masche der Vorrunde - 1 Stb - 8mal (3 Stb in eine M - 1 Stb) - letztes Stb in die Km der 1. Runde.

3. Runde (in Gelb):
1 Lm - 2 fM - 8 mal (1 Stb der ersten Runde auslassen, 1 DRStb um das zweite Stb der ersten Runde - 3 fM auf die 3 Stb der 2. Runde) - 1 DRStb um die 3 Wende-Lm der 1. Runde.

4. Runde (in Braun):
1 Lm - 2 fM der Vorrunde übergehen - 5 Stb in das DRStb der Vorrunde - 8 mal (1 fM in die mittlere fM der Vorrunde - 5 Stb in jedes DRStb) - Km.

5. Runde (in Gelb):
1 Lm - 1 RStb um das 1. Stb der zweiten Runde - 8 mal (5 fM - 1 RStb um das mittlere Stb der zweiten Runde) - 5 fM - Km.

6. Runde (in Braun):
3 Lm - 4 Stb in das erste RStb der Vorrunde - 1 fM in die mittlere fM der Vorrunde - 8 mal (5 Stb in jedes RStb - 1 fM in die mittlere fM der Vorrunde) - Km zur Lm.

7. Runde:
1 Lm - 4 fM - 1 RStb um das mittlere Stb der vierten Runde - 8 mal (5 fM - 1 RStb um das mittlere Stb der vierten Runde).

8. Runde:
2 Km zur mittleren fM der Vorrunde - 1 Lm - 9 mal (1 fM in die mittlere fM der Vorrunde - 7 Stb in das RStb).

9. Runde:
1 Lm - 1 RStb um das mittlere Stb der sechsten Runde - 7 fM - 8 mal (1 RStb um das mittlere Stb der sechsten Runde - 7 fM) - Km zum RStb.

10. Runde:
3 Lm - 6 Stb in das RStb der Vorrunde - 1 fM in die mittlere fM der Vorrunde - 8 mal (7 Stb in jedes RStb - 1 fM in die mittlere fM der Vorrunde) - Km zur 3. Lm.

11. Runde:
1 Lm - 7 fM - 1 RStb um das mittlere Stb der achten Runde - 8 mal (7 fM - 1 RStb um das mittlere Stb der achten Runde) - Km zur fM.

12. Runde:
3 Km zur mittleren fM der Vorrunde - 1 Lm - 1 fM in die mittlere fM der Vorrunde - 7 DStb in RStb der Vorrunde - 8 mal (1 fM in die mittlere fM der Vorrunde - 7 DStb in RStb der Vorrunde) - Km zur fM.

13. Runde:
1 Lm - 1 DRStb um das mittlere Stb der drittletzten (10.) Runde - 7 fM - 8 mal (1 DRStb um das mittlere Stb der drittletzten Runde - 7 fM) - Km zum DRStb.

14. Runde:
wie die 12. Runde häkeln.

15. Runde:
wie die 13. Runde häkeln [DRStb um die Stb der 12. Runde].

16. Runde:
4 Lm - 8 DStb in das DRStb der Vorrunde - 1 fM in die mittlere fM der Vorrunde - 8 mal (9 DStb in das DRStb der Vorrunde - 1 fM in die mittlere fM der Vorrunde) - Km zur 4. Lm.

17. Runde:
1 Lm - 9 fM in die DStb der Vorrunde - 1 DRStb um das mittlere Stb der drittletzten Runde - 8 mal

(9 fM - 1 DRStb um das mittlere Stb der drittletzten Runde) - Km zur fM.

18. bis 23. Runde:
16. und 17. Runde dreimal wiederholen.

24. Runde:
4 Km zur mittleren fM der Vorrunde - 1 Lm - 1 fM in die mittlere fM der Vorrunde - 7 DStb in DRStb der Vorrunde - 8 mal (1 fM in die mittlere fM der Vorrunde - 7 DStb in DRStb der Vorrunde) - Km zur fM.

25. Runde:
1 Lm - 9 mal (7 fM - 1 DRStb um das mittlere Stb der 22. Runde). Styropor-Ei einlegen!

Häkelschrift 2

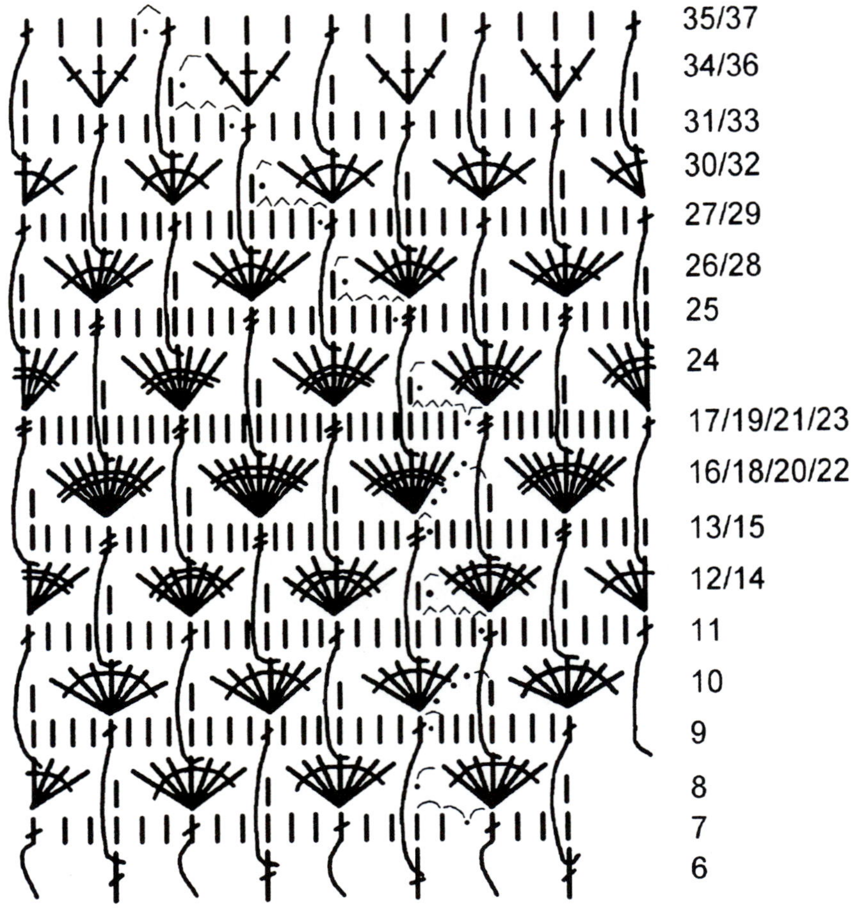

26. Runde:
3 Km zur mittleren fM der Vorrunde - 1 Lm - 9 mal (1 fM in die mittlere fM der Vorrunde - 7 Stb in DRStb der Vorrunde) - Km zur fM.

27. Runde:
1 Lm - 9 mal (7 fM - 1 RStb um das mittlere DStb der drittletzten (24.) Runde).

28. Runde:
wie die 26. Runde häkeln.

29. Runde:
wie die 27. Runde häkeln [RStb um das mittlere Stb der 26. Runde].

30. Runde:
3 Km zur mittleren fM der Vorrunde - 1 Lm - 9 mal (1 fM in die mittlere fM der Vorrunde - 5 Stb in RStb der Vorrunde) - Km zur fM.

31. Runde:
1 Lm - 9 mal (5 fM - 1 RStb um das mittlere Stb der drittletzten Runde).

32. Runde:
wie die 30. Runde häkeln.

33. Runde:
wie die 31. Runde häkeln.

34. Runde:
2 Km zur mittleren fM der Vorrunde - 1 Lm - 9 mal (1 fM in die mittlere fM der Vorrunde - 3 Stb in RStb der Vorrunde) - Km zur fM.

35. Runde:
1 Lm - 9 mal (3 fM - 1 RStb um das mittlere Stb der drittletzten Runde).

36. Runde:
wie die 34. Runde häkeln.

37. Runde:
wie die 35. Runde häkeln.

Anmerkung zur Häkelschrift

Wenn Sie nach der Häkelschrift arbeiten, beginnen Sie mit Häkelschrift 1 und häkeln Sie wie angegeben bis zur 7. Runde. Ab der 8. Runde häkeln Sie nach Häkelschrift 2 weiter.
Bei Häkelschrift 2 ist nur ein Teil der Runde (mit dem Anfang) gezeichnet, die Sie sinngemäß vervollständigen. Zur besseren Übersicht ist ein Teil der 6. und 7. Runde noch einmal gezeichnet, sie werden aber nicht mehr gehäkelt.

Ausarbeitung

Faden abschneiden, durch die Maschen der letzten Runde ziehen, zusammenziehen und vernähen.

Tip

Für die zweite Ananas in Grün und Gelb beginnen Sie mit dem gelben Faden, in der 3. Runde kommt der grüne Faden dazu, und dann wechseln Sie wie gewohnt in jeder Runde die Farbe (siehe Detailfoto).

Blätter für Ananas

Für den Blätterkranz benötigt man 12 Blätter, und zwar je vier große, vier mittlere und vier kleine Blätter.

Großes Blatt (Häkelschrift 3)

23 Lm anschlagen und ab der 5. Lm ab Nadel fM häkeln.

2. Reihe:

3 Lm - 10 Stb - 5 hStb - 3 fM - 7 fM in den Lm-Bogen - 3 fM - 5 hStb - 11 Stb.

3. Reihe:

3 Lm - 8 Stb - 6 hStb - 7 fM - 3 fM in eine fM - 7 fM - 6 hStb - 9 Stb.

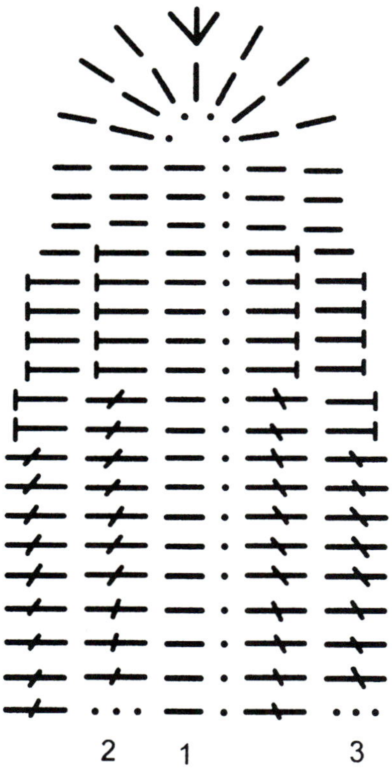

Häkelschrift 3

Mittleres Blatt (Häkelschrift 4)

20 Lm anschlagen und ab der 5. Lm ab Nadel fM häkeln.

2. Reihe:

3 Lm - 8 Stb - 4 hStb - 3 fM - 7 fM in den Lm-Bogen - 3 fM - 4 hStb - 9 Stb.

3. Reihe:

3 Lm - 7 Stb - 4 hStb - 7 fM - 3 fM in eine fM - 7 fM - 4 hStb - 8 Stb.

Kleines Blatt (Häkelschrift 5)

18 Lm anschlagen und ab der 5. Lm ab Nadel fM häkeln.

2. Reihe:

3 Lm - 7 Stb - 4 hStb - 2 fM -7 fM in den Lm-Bogen - 2 fM - 4 hStb - 8 Stb.

3. Reihe:

3 Lm - 6 Stb - 4 hStb - 6 fM - 3 fM in eine fM - 6 fM - 4 hStb - 7 Stb.

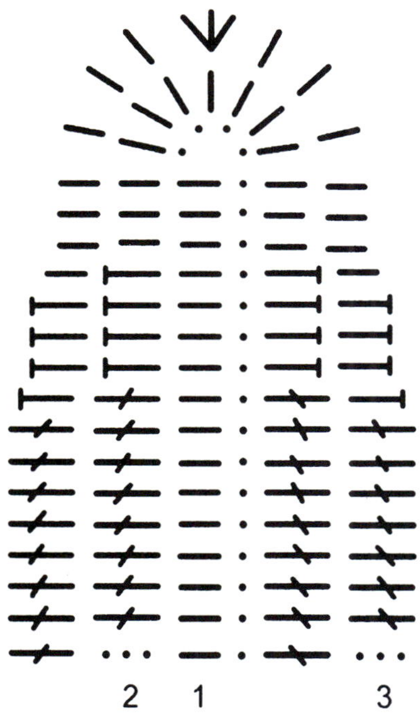

Häkelschrift 4

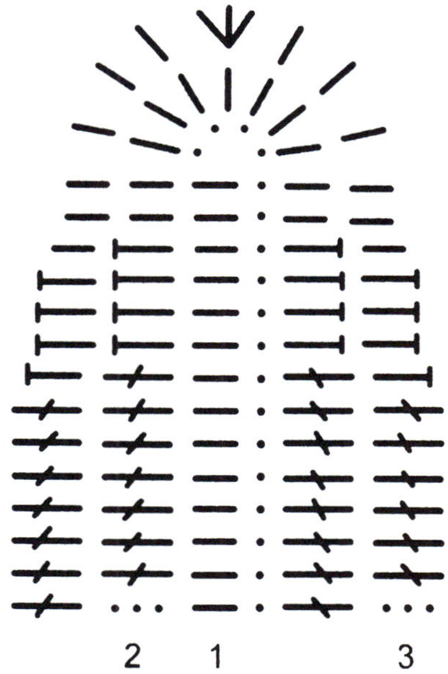

Häkelschrift 5

Die Blätter der Größe nach an den Seiten bis in Höhe von 5 Stb zusammennähen, so daß ein Blattstreifen entsteht, dessen „Zacken" von einem Ende zum andern immer kleiner werden. Alle Blätter mit einer Reihe fM und einer Reihe Krebsmaschen (= fM in umgekehrter Richtung, also von links nach rechts) umhäkeln. Den Blattstreifen bei den großen Blättern beginnend aufrollen und unten zusammennähen.

Auf die Spitze der Frucht aufnähen und Blätter nach außen biegen.

Banane

Material

- Häkelgarn *Opera 10 (Coats)*, Fb 506, gelb, und Fb 513, braun
- Garnhäkelnadel Nr. 1,5
- Banane aus Kunststoff, 15 cm lang

Maschenart: Grundmaschen und Reliefstäbchen

Anleitung

Es wird in Runden gearbeitet, jede Runde wird mit einer Km geschlossen.

Mit braunem Garn einen Fadenring bilden (oder 5 Lm mit einer Km zum Ring schließen).

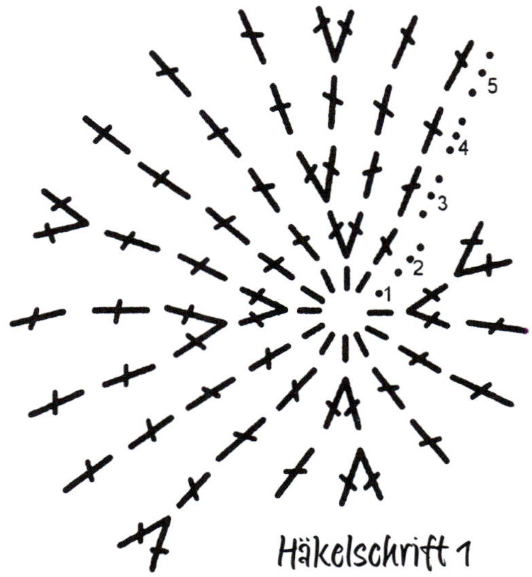

Häkelschrift 1

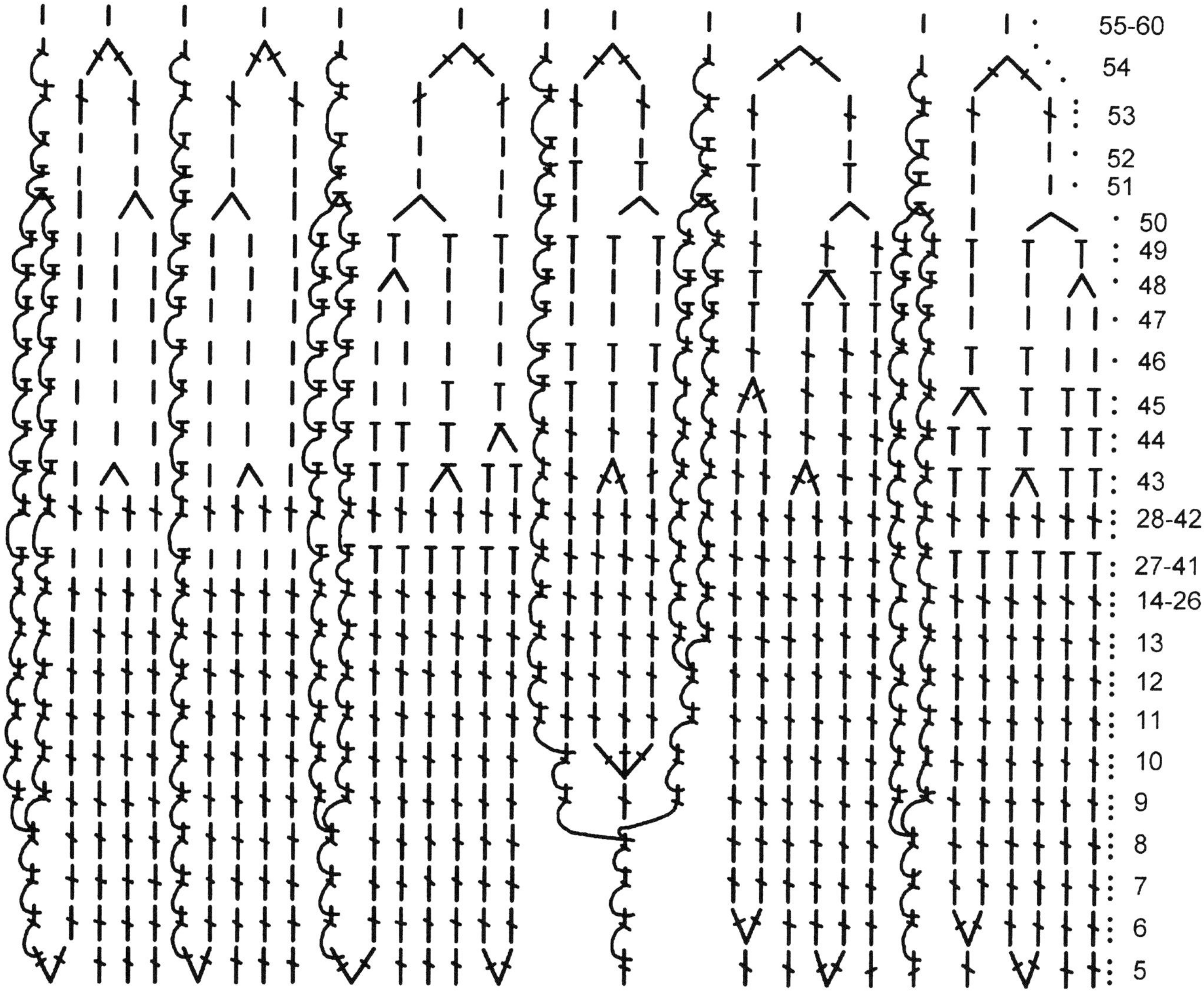

Häkelschrift 2

1. Runde:
2 Lm - 11 fM in den Ring häkeln.

2. Runde:
3 Lm - 1 Stb - 3 mal (2 Stb in eine Masche - 2 Stb) - 2 Stb in eine M.

3. Runde:
3 Lm - 2 Stb - 3 mal (2 Stb in eine M - 3 Stb) - 2 Stb in eine M.

Ab der 4. Runde in Gelb weiterhäkeln.

4. Runde:
3 Lm - 1 Stb in jedes Stb der Vorrunde.

5. Runde:
3 Lm - 2 Stb - 4 mal (2 Stb in eine M - 3 Stb).

Ab der 6. Runde arbeiten Sie nach Häkelschrift 2 in Runden weiter. Die 14. Runde wird 12 mal wiederholt, die Runden 27 und 28 werden insgesamt 8 mal gehäkelt.

Vergessen Sie nicht, die Banane rechtzeitig einzulegen!

Die Runden 55 bis 60 werden wieder in Braun gehäkelt.

Zum Schluß den Faden abschneiden, durch die letzte Runde ziehen, zusammenziehen und vernähen.

Geschälte Banane

Material

- Häkelgarn *Aida 10 (Coats)*, Fb 293, gelb, und Fb 926, natur
- Häkelgarn *Aida 20 (Coats)*, Fb 293, gelb, und Fb 926, natur
- Garnhäkelnadel Nr. 1,25
- Kleiner Styropor-Ring, oval

Maschenart: Grundmaschen und Reliefstäbchen

Anleitung

Einen Fadenring aus gelbem Garn der Stärke 10 bilden (oder 5 Lm mit einer Km zum Ring schließen).

1. Runde:
1 Lm und 12 fM in den Ring häkeln.

Nach Häkelschrift 1 in Runden weiterhäkeln, jede Runde mit einer Km schließen. Anfangsfaden nach der 3. Runde fest zusammenziehen und vernähen. Runde 13 und 14 wird insgesamt 10 mal gehäkelt. Ab der 31. Runde mit dem naturfarbenen Garn weiterarbeiten, dabei die Maschen der 31. Runde nur ins hintere Maschenglied stechen!

Die Runde 32 und 33 insgesamt 8mal häkeln. Als 52. Runde wird die 32. Runde nochmals wiederholt.

Styropor-Ring zurechtschneiden (siehe Detailfoto, Seite 43), einlegen und als Abschlußrunde immer 2 Stäbchen zusammenhäkeln.

Faden abschneiden, durch die Maschen der letzten Runde ziehen und vernähen.

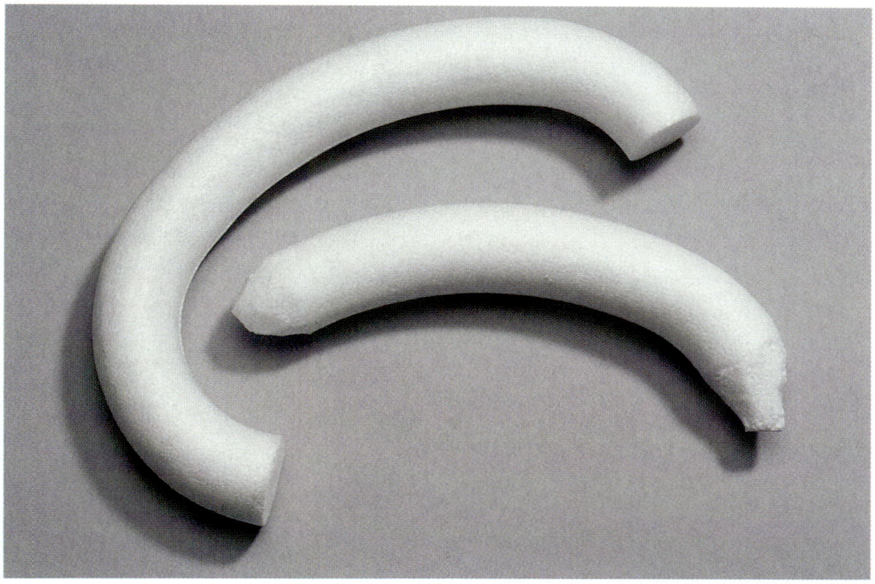

Anmerküng zür Häkelschrift

Die Häkelschrift zeigt alle Maschen einer Runde.
Nach der 30. Reihe ist mit Buchstaben A bis D angemerkt, wo die Bananenschalen angesetzt werden.

Häkelschrift 1

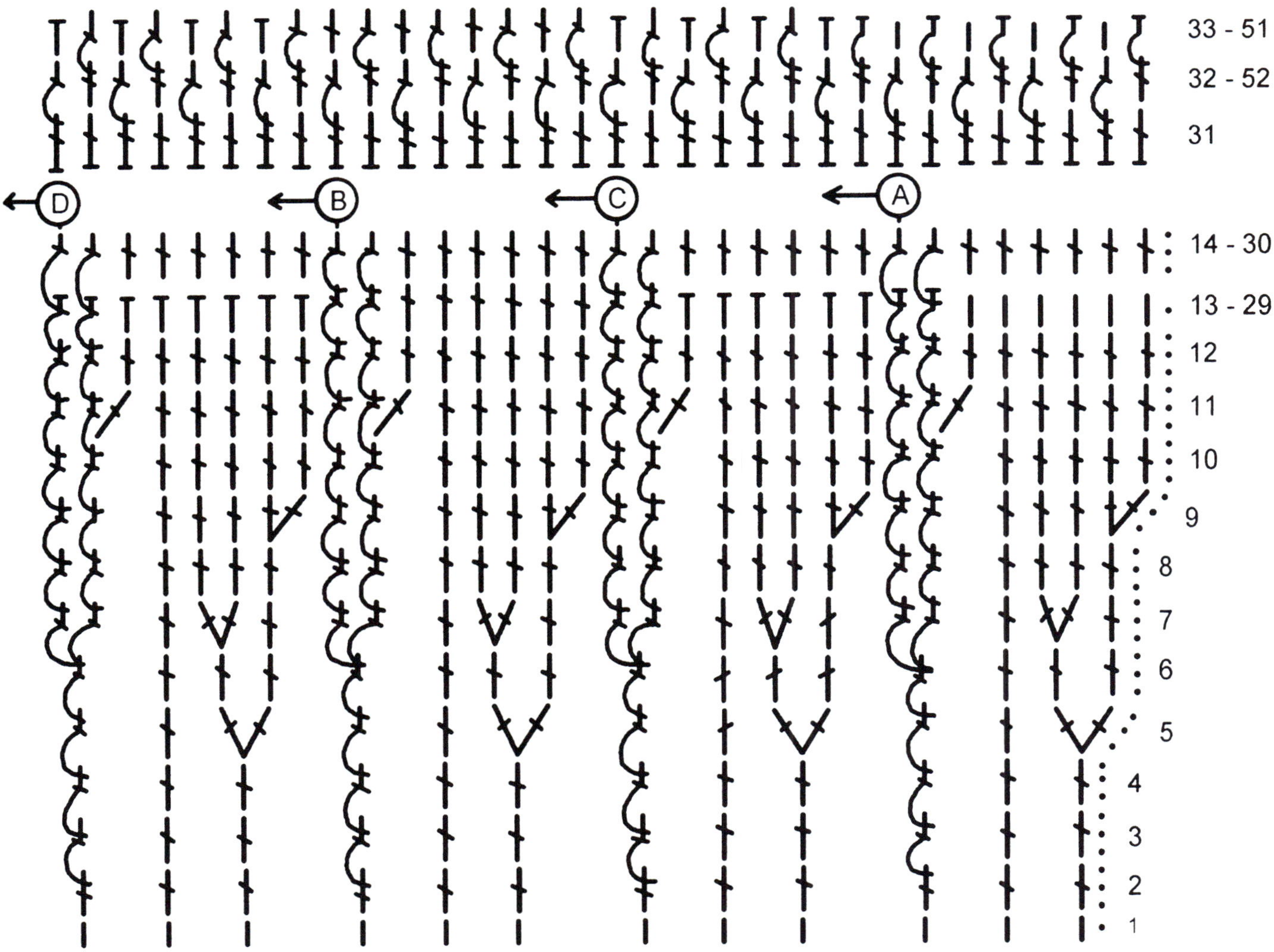

Bananenschalen

Die Schalen werden mit Häkelgarn der Stärke 20 in acht Teilen gehäkelt, der äußere Teil in Gelb, der innere Teil in Natur.

Teil A / innen
Naturfarbenen Faden bei Punkt A anketten und in Pfeilrichtung um die Maschen der 31. Runde 9 RStb häkeln, in Reihen nach Häkelschrift A 1 weiterarbeiten.

Teil B / innen
Naturfarbenen Faden bei Punkt B anketten und in Pfeilrichtung um die Maschen der 31. Runde 9 RStb häkeln, in Reihen nach Häkelschrift B 1 weiterarbeiten.

Teil C / innen
Naturfarbenen Faden bei Punkt C anketten und in Pfeilrichtung um die Maschen der 31. Runde 9 RStb häkeln, in Reihen nach Häkelschrift C 1 weiterarbeiten.

Teil D / innen
Naturfarbenen Faden bei Punkt D anketten und in Pfeilrichtung um die Maschen der 31. Runde 9 RStb häkeln, in Reihen nach Häkelschrift D 1 weiterarbeiten.
Faden zum Zusammennähen der Schalenteile lang genug hängen lassen.

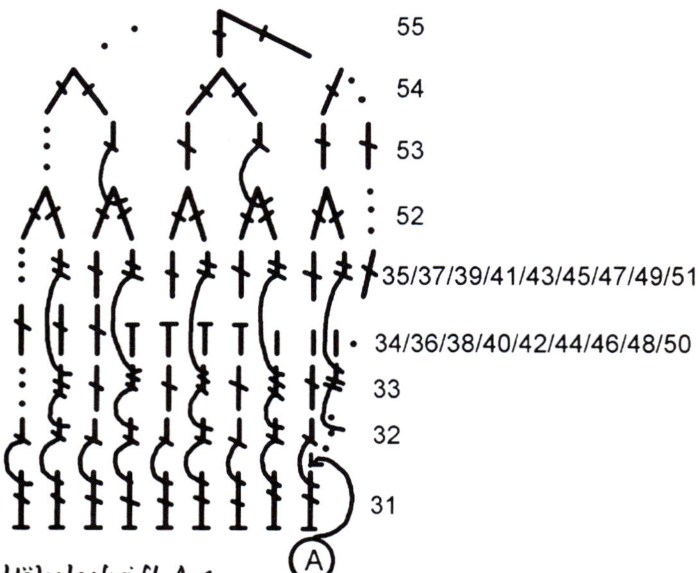

Häkelschrift A 1

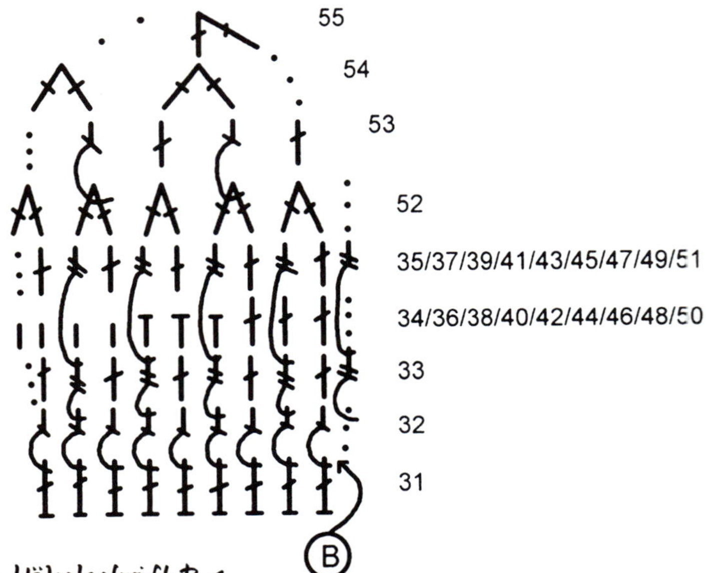

Häkelschrift B 1

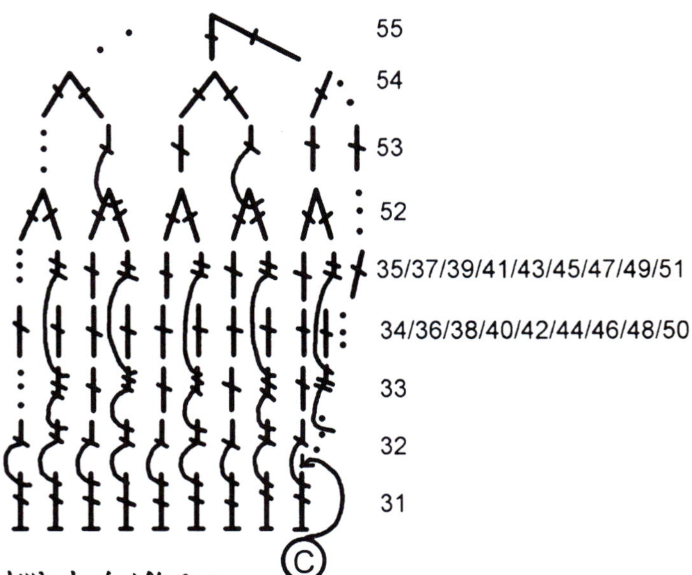

Häkelschrift C 1

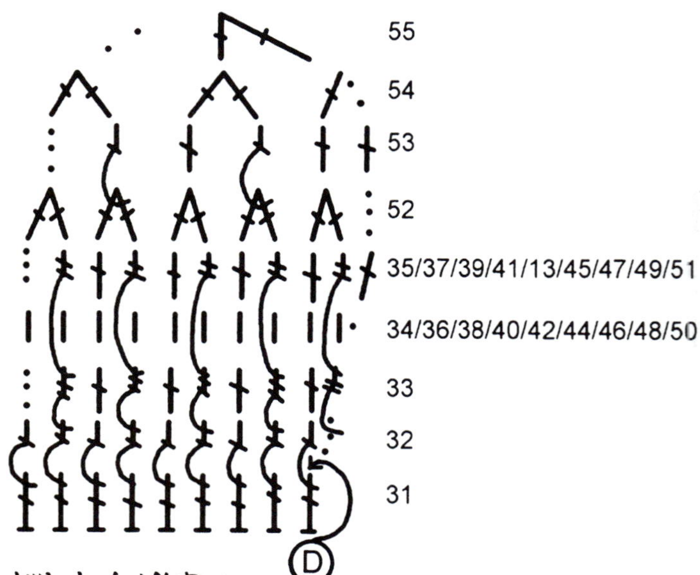

Häkelschrift D 1

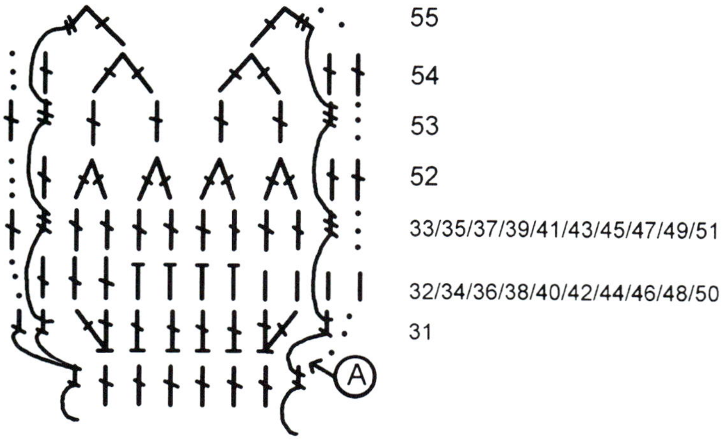

Häkelschrift A 2

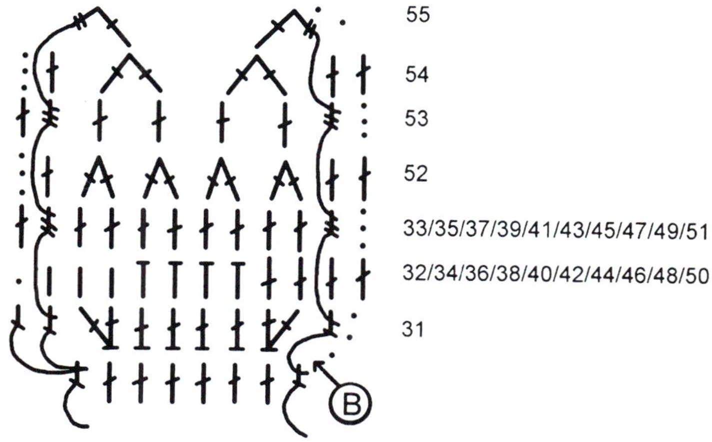

Häkelschrift B 2

Teil A / außen
Gelben Faden bei Punkt A anketten und in Pfeilrichtung in die vorderen Maschenglieder der 31. Runde nach Häkelschrift A 2 arbeiten.

Teil B / außen
Gelben Faden bei Punkt B anketten und in Pfeilrichtung in die vorderen Maschenglieder der 31. Runde nach Häkelschrift B 2 arbeiten.

Teil C / außen
Gelben Faden bei Punkt C anketten und in Pfeilrichtung in die vorderen Maschenglieder der 31. Runde nach Häkelschrift C 2 arbeiten.

Teil D / außen
Gelben Faden bei Punkt D anketten und in Pfeilrichtung in die vorderen Maschenglieder der 31. Runde nach Häkelschrift D 2 arbeiten.

Die Schalenteile von der Spitze beginnend zusammennähen, dabei die Teile etwas einhalten, um die Wölbung der Schale zu erreichen.

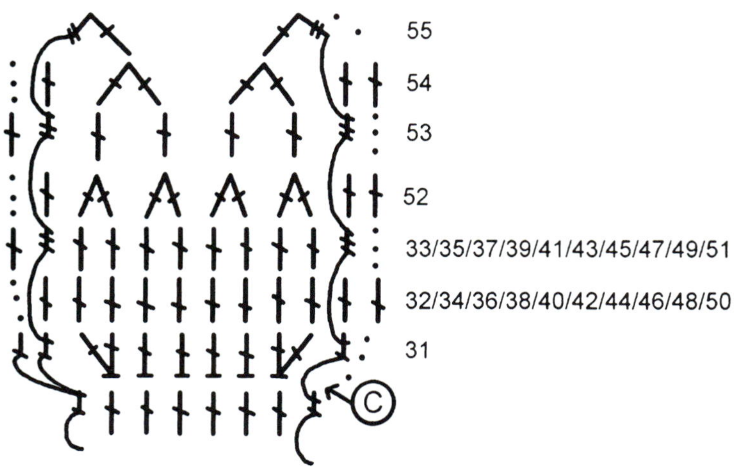

Häkelschrift C 2

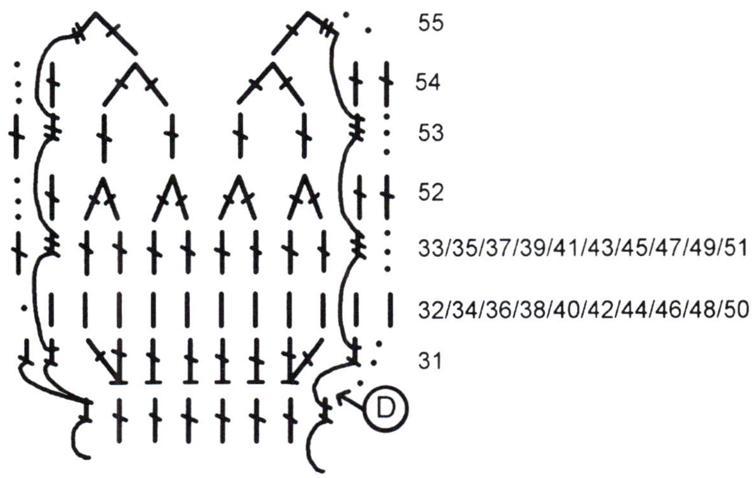

Häkelschrift D 2

Stiele und Blätter

Stiele

Die Stiele für die Früchte können Sie ganz leicht selbst herstellen. Schneiden Sie Drahtstücke in der passenden Länge zurecht. Sie können Rohdraht verwenden oder beschichteten Bindedraht von der Rolle, in der Stärke 0,8 mm. Dann biegen Sie die Drahtstücke zurecht, wie auf der Abbildung gezeigt, und umwickeln sie mit Kreppwickelband, bis sie die entsprechende Stärke haben. Bei der vorletzten Wickelung befestigen Sie gleichzeitig das Blatt. Die Stiele stecken Sie einfach oben in die Frucht.
Natürlich können Sie Stiele auch aus einem Garnrest häkeln und an der Häkelfrucht annähen.

Blätter

Wenn Sie keine Papierblätter verwenden möchten, können Sie die Blätter auch selbst häkeln. Beginnen Sie mit einer Lm-Kette (ca. 10 - 15 Lm, je nach Größe des Blattes) und häkeln Sie fM darauf. In die letzte Lm häkeln Sie 2 fM - 3 Lm - 2 fM. Dann arbeiten Sie auf der Unterseite der Lm-Kette bis zur Blattspitze wieder fM. Die Pfeile in der Zeichnung geben die Häkelrichtung an (siehe Häkelschrift).
Dann wenden Sie die Arbeit und häkeln fM bis zum Lm-Bogen zurück.
In den Lm-Bogen arbeiten Sie nun wieder 2 fM - 3 Lm - 2 fM und häkeln weiter fM bis zur Spitze des Blattes. Wiederholen Sie diese Reihen so oft, bis Ihr Blatt die gewünschte Größe erreicht hat. Sie beenden das Blatt beim Lm-Bogen mit 4 fM. Zum Abschluß häkeln Sie diese 4 fM noch einige Reihen hoch, damit Sie einen Blattstiel bekommen. Die Wende-Lm des Stiels nähen Sie mit dem Endfaden zusammen.
Durch die Lm-Bogen und durch den Stiel können Sie einen Draht einziehen, damit das Blatt dekorativ geformt werden kann.

Die gehäkelten Blätter werden genauso wie die Papierblätter befestigt.

Folgendes sollten Sie beim Häkeln beachten:

1. Am Anfang der Reihe wird *keine* Luftmasche gehäkelt. Sie stechen nach dem Wenden immer in die *zweite* fM der Vorreihe.
2. Es gibt eine schönere Blattstruktur, wenn Sie immer nur ins vordere Maschenglied stechen.
3. Wenn Sie nicht bis zum Ende jeder Reihe häkeln, sondern immer ein, zwei oder drei Maschen vorher die Arbeit wenden, erhalten Sie einen schönen, gezackten Blattrand.

Wenn Sie drei dieser Blätter zusammennähen, haben Sie ein selbstgehäkeltes Weinblatt für Ihre Trauben (Seite 22).

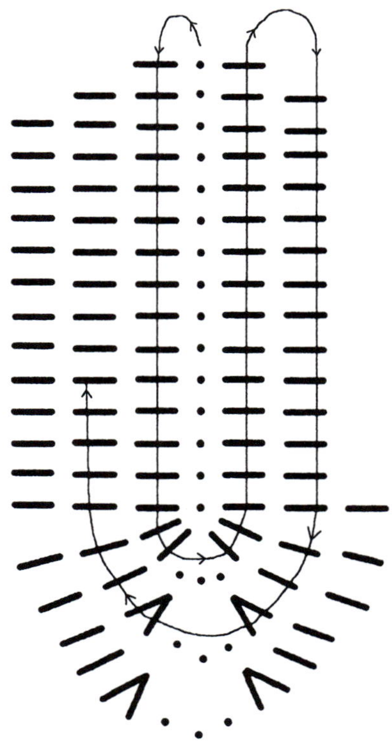

Erdbeerblätter

Für die Erdbeerblätter (Seite 18) häkeln Sie 2 Lm und 11 fM in einen Fadenring und schließen diese 1. Runde mit einer Km. In der 2. Runde arbeiten Sie 2 fM in jede M der Vorrunde. Die Runde wieder mit einer Km schließen und nun mit dem Häkeln der einzelnen Blätter nach der Häkelschrift beginnen, wobei die Größe der Blätter immer wechselt.

Häkelfrüchte selbst bemalen

Das Bemalen der gehäkelten Früchte ist sehr einfach, wenn Sie einige Grundregeln beherzigen.

Sie benötigen folgendes Material:
1. Stoffmalfarben
2. Borstenpinsel der Stärken 10 - 16
3. Mischpalette oder einen alten Teller
4. Glas mit Wasser zum Waschen der Pinsel
5. Maltuch oder Papiertücher
6. Sprühflasche mit Wasser
7. Plastikfolie für den Tisch und für die fertige Arbeit
8. Fön

Decken Sie Ihre Arbeitsfläche mit Plastikfolie ab und stellen Sie das oben angeführte Material bereit. Die fertige Frucht, bei der alle losen Fäden bereits vernäht sind, wird zuerst mit der Sprühflasche befeuchtet. Dann können Sie sofort mit dem Malen beginnen.

Mischen Sie die Farben auf der Mischpalette gut ab und verdünnen Sie sie evtl. mit etwas Wasser, sie sollten nicht zu dickflüssig sein. Als Farbmuster können Sie ja ein Stück echtes Obst aus dem Obstkorb verwenden. Dann beginnen Sie mit dem Auftragen der Farben.

Legen Sie die bemalten Früchte auf eine Plastikfolie, bis alle fertig sind.

Zum Abschluß trocknen Sie Ihr Kunstwerk mit dem Fön. Das verkürzt die Trockenzeit und fixiert gleichzeitig die Farbe.

Die Deutsche Bibliothek –
CIP-Einheitsaufnahme

Zauberhafte Häkelfrüchte : zum Dekorieren und Verschenken / Silvia Knöbl. – Augsburg : Augustus-Verl., 1999
ISBN 3-8043-0734-5

Die im Buch veröffentlichten Ratschläge wurden von Verfasserin und Verlag sorgfältig erarbeitet und geprüft. Eine Garantie kann dennoch nicht übernommen werden. Ebenso ist eine Haftung der Verfasserin bzw. des Verlages und seiner Beauftragten für Personen-, Sach- und Vermögensschäden ausgeschlossen.

Fotografie: Klaus Lipa, Diedorf
Lektorat: Margit Bogner
Umschlagkonzeption:
Kontrapunkt, Kopenhagen
Herstellung und Umschlaglayout:
Charmaine Müller
Satz und Layout: Anton Walter, Gundelfingen

Augustus Verlag Augsburg 1999

Satz: DTP-Design Walter, Gundelfingen
Reproduktion: GAV Prepress, Gerstetten
Druck und Bindung: Appl, Wemding

Gedruckt auf 115 g umweltfreundlich elementar chlorfrei gebleichtes Papier.

ISBN 3-8043-0734-5

Printed in Germany